MATZÁ COM MOUSSAKÁ
Histórias de Judeus e Gregos

Matzá com Moussaká
Histórias de Judeus e Gregos

Táki Athanássios Cordás

Prefácio de Alberto Dines

Ateliê Editorial

Copyright © 2007 Táki Athanássios Cordás

Direitos reservados e protegidos pela Lei 9.610 de 19.02.1998.
É proibida a reprodução total ou parcial sem autorização, por escrito, da editora.

Dados Internacionais de Catalogação na Publicação (CIP)
(Câmara Brasileira do Livro, SP, Brasil)

Cordás, Táki Athanássios
   Matzá com moussaká: histórias de judeus e gregos / Táki Athanássios Cordás.
– Cotia, SP: Ateliê Editorial, 2007.

   Bibliografia
   ISBN 978-85-7480-351-7

   1. Grécia – História   2. Gregos – Relações – Judeus   3. Judeus – Relações
– Gregos   4. Judeus – História   5. Relações étinicas   I. Título.   ii. Título:
Históricas de judeus e gregos.

	CDD-305.880924
05-3607	-305.892408

Índices para catálogo sistemático:
1. Gregos-Judeus: Relações históricas: Sociologia   305.880924
2. Judeus-Gregos: Relações históricas: Sociologia   305.892408

Direitos reservados à
ATELIÊ EDITORIAL
Estrada da Aldeia de Carapicuíba, 897
06709-300 – Granja Viana – Cotia – SP
Telefax: (11) 4612-9666
www.atelie.com.br
e-mail: atelieeditorial@terra.com.br

Printed in Brazil 2007
Foi feito depósito legal

Aos amados:
*Athanássios Nicolas Cordás (em memória)
e Photini Athanase Cordás, paleogregos;
Katherina Roso Cordás e Melina Roso
Cordás, neogregas;
e Karina, que entende um "grego".*

Sumário

Apresentação.. 11
Prefácio – Alberto Dines........................... 13
Introdução.. 15
1. Chegando a Atenas, Rumo ao Museu Judaico........ 19
2. O Início do Relacionamento...................... 25
3. A Espanha....................................... 33
4. Na Grécia Otomana............................... 43
5. A Guerra da Independência da Grécia............. 77
6. Thessaloniki e o Século XIX..................... 85
7. Surge a Grécia Moderna.......................... 91
8. Joseph Eliyia................................... 107
9. Megali Idea..................................... 115
10. Pequena História do *Rebetiko*.................. 125
11. A Ditadura de Ioannis Metaxás (1936-1941)....... 133
12. A Grécia na Segunda Grande Guerra............... 149
13. Duas Ilhas, Dois Filmes, Uma Guerra............. 175

14. O Fim dos Judeus em Thessaloniki,
    a Jerusalém dos Bálcãs. 179
15. A Carta do Arcebispo Damaskinos 211
16. A Vida após a Segunda Guerra Mundial. 217

Indicações para Leitura 225

Apresentação

Este livro nasceu de um percurso mais interno do que externo – como, no fundo, todas as jornadas o são –, o caminho para uma Ítaca do Kaváfis e do Ulisses que mora dentro de cada um de nós e à qual buscamos sempre regressar.

Nasceu mais Moussaká que Matzá, mais grego do que judeu, e mais, muito mais, Atenas do que Jerusalém.

Tinha, no início do livro, a intenção de escrever sobre a Grécia do meu pai e da minha mãe, não sobre a Grécia de Platão ou de Safo.

Uma Grécia dolorida e dolorosa que, apesar de tudo, novamente dança, canta e verseja desde o século xix.

O projeto era o livro de uma Grécia moderna e desconhecida da maioria dos brasileiros.

Mas, como muitas vezes ocorre, a estrada oferece muitas estalagens e recônditas paixões, que podem nos desviar do que traçáramos no início em um mapa frio e indialogável.

Topei com um pedaço da história da Grécia e parti, curioso no início, fascinado depois, e resolvi tomar outro rumo investigativo.

Os judeus gregos e sua saga tomaram da pena (e do teclado) e o livro virou casamento de gregos e judeus.

O hábil estalajadeiro e grande timoneiro judeu, que mostrou tal rumo e me incentivou a enveredar pelo caminho que este livro, enfim, adotou, foi Alberto Dines.

E Carlos Alberto Sardenberg, a quem agradeço, me ofereceu a possibilidade de chegar até Alberto Dines, inicialmente porque *O Baú de Abravanel*, do Dines, estava esgotado e eu precisava de algumas informações contidas no livro.

Depois, durante quase um ano, Alberto Dines, entre suas inúmeras ocupações, ainda teve tempo – por e-mail, telefone e enviando-me artigos e livros – de nutrir minha curiosidade.

Alberto Dines é um ícone do jornalismo brasileiro, mas um ícone que escreve e fala ao telefone e que, até a elaboração do prefácio deste livro, ainda não o conhecia pessoalmente, para abraçar.

Gregos gostam de ícones, cada vez mais.

Obrigado Dines pela sua imensa generosidade.

Claro que o Dines foi quem me apresentou o Plinio Martins Filho, a quem agradeço a confiança e o apoio na publicação deste livro.

Feito ciranda de roda – ou *orkut* para quem é mais moderno –, foi o Plinio que me mandou para a preparação e revisão da Cristina Marques.

A Cristina merece uma visita. Para quem não a conhece, vale buscá-la em procissão reverencial, para ouvi-la, feito o oráculo de Delfos, mas sem enigmas, nas mais cruentas dúvidas sobre a última flor do Lácio.

Aí, da Cristina, o Plínio passou os originais para o pessoal da Negrito Produção Editorial, que deu a feição gráfica do livro, cuidou das imagens e a quem agradeço o desvelo.

Entre as muitas pessoas que tentaram me ajudar, agradeço, por fim, a Sam Osmo, pelo depoimento pessoal, a Guilherme Rabay, Miréia Roso e à Sra. Maria Sofouli, adida-cultural da Embaixada da Grécia no Brasil.

Táki Athanássios Cordás

Prefácio

À primeira vista, parece uma incursão gastronômica através dos confins do Mediterrâneo. Mas este professor de psiquiatria da Universidade de São Paulo, paulistano de origem grega, cristão ortodoxo, juntou geografia e história, adicionou filosofias e religiões, esquentou com política e psicanálise, temperou com sabores, dores, odores, regou com música, memória e, com esta coleção de ingredientes, produziu uma das mais fascinantes combinações literárias.

Matzá com Moussaká é uma ousada associação tanto em matéria culinária como acadêmica. O pão ázimo do Pessach é uma bolacha que alguns *gourmets* não combinariam com a *moussaká*, espécie de lasanha de berinjela. Nesta era das segmentações, estuda-se, nas universidades, a história judaica e a grega em departamentos distantes, quase opostos, com intersecções – além de raras – pouco sedutoras.

E, no entanto, apesar das aparentes discrepâncias e disparidades, empurrado por uma prodigiosa curiosidade, Táki Athanássios Cordás armou neste suculento repasto um conjunto de convergências que se estendem ao longo de três mil anos e, agora, não só nos parecem perfeitamente cabíveis como imperiosamente articuladas. A começar pelas respectivas diásporas (do grego, dispersão).

Nas páginas que se seguem, divisa-se o Olimpo e as Tábuas da Lei, Aristóteles e Freud, a Primeira Grande Guerra e a Segunda Guerra Mundial, os massacres perpetrados pelos otomanos e a Solução Final administrada pelos nazistas.

Esta é uma obra de engenharia cultural, possível apenas quando se trata daquele fascinante pedaço do mundo que, apesar de mediterrâneo, é mar e, apesar de líquido, é um enorme panelão, onde se misturam e são cozidas (nem sempre em fogo brando) grandes porções da Europa, Ásia e África.

Este livro pode ser encarado como linha de chegada e ponto de partida: flagrante do encontro entre o Ocidente e o Oriente, espelho onde se refletem semelhanças, convite às aproximações, mão estendida, olhar benigno. Autêntica pororoca, prova de que o Mediterrâneo está lá, está aqui e está onde existir uma alma generosa, ávida para saborear *Matzá com Moussaká*.

ALBERTO DINES

Introdução

Gregos e judeus têm muitas coisas em comum. Muito mais do que dançar em roda, fazer festas barulhentas, apresentar seus filhos recém-nascidos aos quarenta dias no templo e ter montado suas lojas de armarinhos e tecidos no Bom Retiro (hoje já devidamente expulsos pelos "tigres asiáticos").

São, sem dúvida, dois povos extremamente orgulhosos de seus longos passados, justamente sentidos como gloriosos e, ambos, definem a longa migração forçada de sua gente pelos quatro cantos do mundo – que caracterizou uma parte desse passado – pela mesma palavra: diáspora.

A fé é um capítulo à parte: gregos cristãos ortodoxos e judeus são povos essencialmente religiosos. A Igreja Ortodoxa de um lado e a *Torah* de outro serviram para a coesão de dois povos subjugados e perseguidos durante séculos, no intuito de preservarem sua herança milenar.

E conseguiram.

Essa importância se faz sentir no dia-a-dia, nos feriados religiosos seguidos pelos judeus – onde quer que estejam no planeta

– e pelos gregos, para quem as festas religiosas são mais numerosas e mais importantes do que qualquer festa laica.

Há, entre os dois povos, um sentimento, às vezes pouco disfarçado, de que são, de fato, os guardiões da verdadeira fé, o povo eleito, tão verdadeiro para cada um deles que, em geral, prescindem do proselitismo e do desejo obstinado de conversão dos não-fiéis, tão comum, por exemplo, entre católicos, espíritas, evangélicos e outros.

E, claro, não se pode esquecer de que falam duas das línguas mais herméticas do mundo, apesar de, nesse quesito, "falar grego" ter angariado uma fama maior. Hoje, uma das minhas grandes vantagens em falar grego é perceber que um israelense não está falando grego.

De fato, a inter-relação entre os povos grego e judeu tem hoje mais de três milênios, podendo ser considerada a mais antiga relação interétnica da história, atravessando todas as possibilidades, desde a mais dura rivalidade, passando pela convivência pacífica e atingindo a colaboração mais fraternal na época da Segunda Guerra Mundial.

Judeus e gregos, por ordem de chegada ao palco da história, são os principais construtores do pensamento ocidental, da religião e moral de um lado, dos valores seculares de outro.

Os dez mandamentos num braço, a democracia no outro.

Paul Johnson (2003), em um artigo recente publicado no *Jerusalem Post*, cita que Paulo de Tarso fez uma agudíssima observação sociológica (provavelmente a primeira da história): "os gregos buscam a razão, os judeus buscam um sinal".

Por outro lado, o mundo ocidental, hoje tomado por uma linguagem direta e objetiva tão necessária à nossa prática científica, não abandonará jamais uma outra forma bem menos direta de expressão – digamos essencialmente judaica e grega (até no nome) – a metáfora.

Foram os autores gregos clássicos – incluindo Platão –, quase cinco séculos antes de Cristo, que insistiram em separar o mito (*mythos*) dos modos mais racionais e objetivos (*logos*) de expressão.

A parábola judaica e a mitologia grega são, ainda hoje, o melhor exemplo dessa forma de expressão tão simples e ao mesmo tempo tão profunda de se contar uma boa história, que é muito mais do que uma história boa.

O *Nosce te ipsum* (Γνωθι σεαυτόν – Conhece-te a ti mesmo) socrático e a psicanálise freudiana estão ineludivelmente ligados à experiência de iluminar o mundo interior.

Não seria exagero dizer que, quando os pré-socráticos abandonaram suas procupações com a cosmogonia, os filósofos gregos foram, dentro de certa medida, os primeiros terapeutas, começando pela maiêutica socrática.

Ver o mundo à maneira grega, sempre foi desconfiar dos caminhos curtos, disseminando a idéia de que se alcançará algo que vale a pena apenas com muito e redobrado esforço.

Hesíodo, em *Os Trabalhos e os Dias*, expressa bem esta postura quando diz: "Diante dos portais da virtude, os deuses superiores colocaram o suor. Longa é a estrada que a ela conduz, áspera e abrupta".

Milhões de judeus acreditaram que seria preferível morrer a converter-se a uma fé estranha; milhares de gregos preferiram lutar ou atirar-se em precipícios durante a dominação turca, mas não abandonar a fé ortodoxa.

Platão assegura: "Difícil é o bem"; e continua: "a única recompensa de servir a Deus é capacitar-se para servi-lo melhor".

Foi Platão quem disse, mas bem poderia ter sido Moisés.

1. Chegando a Atenas, Rumo ao Museu Judaico

Caro Dines,

O Brasil não conhece a Grécia Moderna e, embora a Grécia Clássica da mitologia e dos filósofos seja muito familiar a alguns de nós, cansei de explicar que a foto da Acrópole que tenho no consultório não é de Roma, e muito menos das "ruínas do antigo Egito".

Também cansei de ouvir a velha piada, de qualquer anfitrião ocasional, de que ele (ou ela) iria esconder os pratos para que eu não os quebrasse. Inutilmente vivo explicando que isso não se faz mais em nenhum lugar, ou quase, e que está proibido na Grécia...

Você bem sabe que a homenagem a quem dança é atirar aos pés pétalas de flores secas...

Felizmente, até agora ninguém chamou os habitantes da Hélade, incluindo meus pais, de grecianos (greecians), *como o luminar Presidente George W. Bush fez recentemente.*

Atenas é uma cidade em mudança acelerada, as reformas de infraestrutura – não apenas, mas em grande parte devidas as Olimpíadas de 2004 – têm tornado os meus guias de viagem rapidamente obsoletos.

Minha surpresa começou logo que desembarquei no moderno aeroporto Elefterios Venizelos, concluído em março de 2001, e continuou com as idas e vindas por um metrô limpo e seguro. O metrô, um dos mais antigos da Europa depois do de Londres, Budapeste e Paris, parece novíssimo e tenta avançar rapidamente em sua expansão, embora freqüentemente seja detido por um passado muito concreto e presente demais.

Achados arqueológicos do tempo da longa dominação turca (chamada pelos gregos de turcocracia), do período bizantino, da dominação romana e, por fim, do período clássico vão surgindo quase que em camadas, o que torna a construção de cada centímetro do metrô um trabalho mais de historiador do que de engenheiro.

Foi o que aconteceu recentemente, quando as obras para os jogos Olímpicos foram muitas vezes interrompidas ou desviadas para a preservação de sítios arqueológicos, como o aqueduto romano do século II, provavelmente mandado construir por Adriano. O aqueduto irrompeu no meio das obras da Vila Olímpica que irá abrigar os atletas e teve de ser integrado ao projeto original.

Algumas estações do metrô – como, por exemplo, as de Akrópolis, Syntagma e Panepistimiou – já exibem alguns desses achados incorporados às suas paredes, que olham impassíveis à pressa (não tanta para os meus padrões paulistanos) dos atenienses atuais.

As principais praças da cidade, Syntagma e Omonia, sofreram importantes modificações e estão mais bonitas do que as encontrei em minha última visita há quase cinco anos.

Agora noto que o meu guia de Atenas, da coleção Eyewitness, publicado no Brasil pelo grupo Folha, ainda não fala dessas mudanças, e nem indica minha primeira necessidade: uma boa livraria.

Um furo muito grande, contando o tamanho e a qualidade das livrarias em Atenas.

Embora, e em função de eu ler mal em grego, eu tenha ido mais uma vez à maior que eu conhecia, a Elefteroudakis, localizada na rua Eleftérios Venizelos (mais conhecida por Panepistimio), onde é possível encontrar uma grande variedade de livros em inglês, francês e espanhol, além dos gregos naturalmente.

É muito prazeroso subir seus oito andares entre textos clássicos e modernos; e de repente fiquei sentindo saudades crescentes dos tempos da velha Ática (aliás uma região da Grécia), em São Paulo, antes da ocupação eletrônica que a FNAC *lhe impôs. Você se lembra?*

Saí de lá com muitos livros mas, de fato, alguns poucos relacionados com meu projeto; agora minha esperança era obter livros no Museu Judaico de Atenas.

Caminho atrás de um café grego (não diga turco jamais!) para espantar o sono.

Está muito calor e resolvo tomar algo gelado, sentado num kafenion *em Kolonaki. Peço* frappé, *uma bebida feita de café solúvel, água gelada, leite e açúcar (nem sempre se encontra adoçante com facilidade em alguns lugares de Atenas ou, principalmente, nas ilhas) tudo batido e colocado num copo com pedras de gelo.*

Em tempos de verão, o frappé *é uma mania nacional quase que exclusivamente grega. Os outros dois países do mundo que tomam* frappé, *segundo a própria Nestlé, são a Malásia e a Tailândia, e que os Deuses do Olimpo um dia me expliquem o porquê dessa estranha proximidade.*

Folheio os meus livros enquanto me delicio discretamente com uma das mudanças mais evidentes sentidas nos últimos anos.

As gregas mudaram muito, e para melhor, nas últimas décadas: elas são (estão) mais loiras, ou mais sensualmente morenas, mais ousadas, e vivem entrando e saindo das joalherias, da Prada, da DKNY, *ou da Cerruti.*

E claro, mais magras. Até há dez anos, o ideal e a forma feminina mais freqüentemente vista na Grécia era cheinha, voluptuosa e volumosa, certamente reflexo dos nossos genes mediterrâneos.

Nos últimos anos, um dramático emagrecimento feminino tomou conta das gregas.

Leio numa revista que aumentaram os casos de anorexia e bulimia, doenças consideradas raras há dez anos. A mesma reportagem dizia que, em recente pesquisa de um Instituto Feminino Europeu, as mulheres gregas são as mais insatisfeitas da Europa em relação ao seu corpo: 42% delas acham-se "gordinhas".

Uma onda "peruarizante", certamente vinda da Itália, penso eu.

Naquela tarde eu não poderia ir ao Museu Judaico; lembrei-me de uma obrigação cultural maior a ser cumprida, ou, pelo menos, mais urgente...

Sentamos numa lanchonete para ver a final da Copa do Mundo contra a Alemanha. Como éramos brasileiros, deram-nos um lugar de honra, a mesinha central e um serviço de garçom ainda mais atencioso do que o que habitualmente recebíamos.

De fato, falar grego sendo estrangeiro leva à capitulação de qualquer mau humor.

Um senhor da mesa ao lado com o seu koboloi *na mão, agitado, pede um* ouzo *(bebida à base de anis), diz que os brasileiros são artistas e que torce para o Brasil, desde que o Brasil, há anos, tinha um jogador chamado Sócrates.*

Essa "homenagem" do pai do doutor ao seu povo havia conquistado o coração do Sr. Aristóteles para sempre.

O narrador do jogo torce descaradamente para o Brasil (Galvão Bueno seria considerado um verdadeiro estadista) e sabe tudo sobre o futebol brasileiro. Desmente, logo no início da transmissão, que o Brasil não seja uma grande escola de goleiros e fala de Marcos como o grande sucessor de Tafarel e Gilmar, e que ganhou a posição que era de Dida pouco antes da Copa.

Surpreendente!

Dois gols de Ronaldo, gritaria e festa...

O Brasil comemorando entusiasticamente em grego, sem samba e sem carnaval, mas com muita cerveja Mythos e conhaque Metaxa com duas pedras de gelo (maravilhosa heresia).

No dia seguinte fui a odos *Nikis (rua Nikis), em Plaka, onde os seis andares de um elegante casarão neoclássico abriga o Museu Judaico, um dos mais importantes da Europa. Um informante me diz que é o terceiro em termos de tamanho.*

Identidade falsa – Sotirios Bekolas – elaborada pelo chefe de polícia grego, Mikalis Glykas.

O museu abriga algo como sete mil documentos, fotografias e artefatos da vida social e religiosa das 28 comunidades judaicas existentes na Grécia até o início da Segunda Grande Guerra.

O setor dedicado ao Holocausto (Shoah) *traz, entre outras coisas, documentos de identidade falsos, preparados por oficiais e funcionários gregos para seus compatriotas judeus, colocando em risco suas próprias vidas e de suas famílias.*

Esses e outros gregos cristãos, incluindo o Arcebispo Damaskinos, único chefe de uma Igreja cristã na Europa a protestar oficialmente contra as deportações de judeus para os campos de concentração, fizeram-me sentir mais grego e relembrar meu pai.

Esta visita foi o ponto de partida intelectual e afetivo deste livro sobre o seu povo e o meu, que vou lhe mandando aos poucos.

Achei a história muito interessante, na medida em que ela não recebe muito destaque, nem mesmo nos livros gregos ou na historiografia judaica, que essa, parece, em relação aos sefardis, prendeu-se, aparentemente hipnotizada, à época de ouro da vida na Espanha.

Depois continuo,

Iassou (*até logo em grego*) e Shalom (*isto eu não preciso traduzir para você*).

T.A.C.

2. O Início do Relacionamento

Uma das primeiras referências históricas ao estabelecimento de judeus na Grécia está registrada em uma inscrição em pedra, feita em algum momento entre 250 e 300 a.C., encontrada em Oropos, na região da Ática, perto de Atenas. Refere-se a um certo "Moschos, filho de Moschion, o judeu", que aparentemente morava na região. O curioso e provável exemplo de sincretismo é o fato de Moscos, um escravo, estar agradecendo ao deus grego Anfiarus – que junto com Higéia era considerado responsável pela Saúde –, com quem havia tido um sonho de sua libertação, fato que efetivamente ocorreu pouco tempo depois.

Essa e outras placas funerárias judaicas fazem referência a deuses pagãos e trazem diversas imagens esculpidas, o que nos faz supor que, na Grécia Antiga, além do Deus de Israel, os judeus mantinham formas insidiosas de politeísmo (Bickerman, 1988).

Porém o chão de mosaico de uma antiga sinagoga na pequena ilha de Égina e ruínas de outra em Delos (perto de Mikonos), provavelmente do século V a.C., são as duas referências mais antigas do estabelecimento dos judeus na Grécia.

Dados mais concretos dão conta de que os primeiros judeus na Grécia, estabelecidos em Thessaloniki, teriam vindo de Alexandria, então uma cidade culturalmente grega no Egito, no segundo século depois de Cristo.

Restos de primitivas sinagogas têm sido encontrados em diferentes pontos do país, como na ilha de Delos no mar Egeu, próximo a Mikonos; aos pés da Acrópole de Atenas; na ilha de Égina, no Golfo Sarônico; e em Creta.

Segundo a tradição cristã, o apóstolo Paulo visitou as cidades de Thessaloniki, Corinto, Atenas e outras, onde encontrou comunidades judaicas já bem constituídas, e pregou em suas sinagogas enquanto criava uma nova religião.

Consta, nos *Atos dos Apóstolos*, ter Paulo pregado por três *Shabbathot* consecutivos em uma sinagoga em Thessaloniki, provavelmente na mais antiga sinagoga existente na cidade – a Etz Hahaim (Árvore da Vida), que, até ser destruída por um grande incêndio em 1917, situava-se perto do porto (Comblin, 1987).

Nascido em Jerusalém, filho de uma família sacerdotal, o historiador Flavius Josefus (ou Flávio Josefo) – conhecido como "o judeu de Roma", cidade onde passou seus últimos trinta anos de vida (do ano 70-100 d.C.) – testemunhou uma parte da saga de seu povo em duas grandes obras históricas – *Guerra da Judéia* (sete tomos) e *Antigüidades Judaicas* (vinte tomos); em uma apologia do judaísmo – *Contra Apião* (dois tomos); e, finalmente, em sua *Autobiografia*, de onde provêm todas as informações que temos dele (Hadas-Lebel, 1992).

Escrevendo em grego, em seu ofício de historiador Josefus teve também dois modelos gregos, o primeiro e mais importante foi Tucídides (autor de *A História da Guerra do Peloponeso*), e o segundo seu contemporâneo Políbio, grego que vivia em Roma.

Segundo Josephus, cerca de seis mil escravos judeus foram enviados pelos imperadores romanos (de Vespasiano a Nero) para trabalhar como escravos na construção do canal de Corinto, uma das maiores obras de engenharia da Antigüidade, e depois permaneceram ali.

Já no final da vida, consciente da qualidade com que o conjunto de sua obra contribuíra para a história, sem nenhuma modéstia Josefus declara: "nenhum outro, judeu ou estrangeiro, teria podido, mesmo que tivesse querido, apresentar com tanta exatidão essa história ao público grego" (Hadas-Lebel, 1992). Humildades fora, Flavius Josefus foi de fato um autor importante, muito lido durante todo o Império Bizantino e citado incessantemente no Ocidente cristão, da Renascença até o século XIX, quando sumiu dos nossos interesses.

Uma das principais razões de a cristandade tê-lo como um autor importante e conceder-lhe o título de "Tito Lívio Grego", como o chamava Jerônimo, foi o fato de ele ter sido o único historiador judeu a mencionar a existência de Cristo (Glasman, 2001).

Mais de mil anos depois, Benjamin de Tudela (ou Benjamin ben Yonah) tornou-se um famoso viajante do século XII ao visitar, entre 1160 e 1173, as comunidades judaicas no sul da França, Itália, Grécia e Oriente Médio, ao todo mais de 176 cidades e vilas.

Saindo da cidade de Tudela – na província de Navarra, ao norte da Espanha –, esse verdadeiro Marco Polo judeu, morador do Império muçulmano, parece ter viajado durante mais de treze anos, tendo deixado suas impressões narradas em seu *Livro de Viagem*, que constitui um interessantíssimo perfil da época.

Sobre Benjamin, sabe-se muito pouco. É possível que fosse um rabino, ou um negociante de pedras preciosas. A quase completa ausência de dados pessoais deve-se ao fato de, ao contrário de outros peregrinos e viajantes (como, por exemplo, o veneziano ao qual é comparado), ter falado muito pouco de si mesmo.

Ao longo de seu percurso, Benjamin foi fazendo um recenseamento informal da população judaica e mantendo contato com as diferentes comunidades judaicas que viviam em cidades gregas e com seus líderes.

De Corfu, onde encontrou apenas um judeu, seguiu para Arta, depois para Patras, Lepanto, Crissa e Corintho, cidade onde encontrou a maior população judaica: cerca de duas mil pessoas. Tomando rumo norte, passou por Tebas, Thessaloniki (com quinhentos judeus morando na cidade), a seguir Chalkis e Drama, antes de chegar a Constantinopla, onde passou a maior parte de seu tempo. Depois de deixar Constantinopla e a caminho da Terra Santa, ainda visitou as ilhas de Chios, Samos e Rhodes. Um verdadeiro *rabbi* peripatético.

Suas impressões sobre Constantinopla mostram claramente a surpresa com o fausto e a riqueza da capital do Império Bizantino:

> Constantinopla é uma cidade permanentemente movimentada, com mercadores oriundos de todos os lugares do mundo que chegam à cidade por mar ou terra, e não há no mundo cidade igual, com exceção de Bagdá, a grande capital do Islã. Em Constantinopla está localizada a Igreja de Santa Sophia, local onde fica o trono do Papa dos gregos, na medida em que os gregos não obedecem o Papa de Roma. Há ainda tantas igrejas quanto é o número de dias [...] E a quantidade de riqueza [em Santa Sophia] não é encontrada em nenhuma outra igreja do mundo. Há pilares de prata e ouro, os candelabros também em ouro e prata em número superior ao que um homem poderia contar se tentasse. Perto das muralhas do palácio há, para o entretenimento popular, um local chamado Hipódromo, que pertence ao rei, e a cada ano, no

aniversário de nascimento de Jesus, o rei oferece neste local um grande entretenimento ao povo. Nesse local, homens de todas as raças do mundo apresentam-se diante do rei e da rainha [...] exibem leões, leopardos, ursos [...] e esses homens travam combates uns contra os outros. Entretenimento semelhante a esse não pode ser encontrado em nenhum outro país [...].

Os habitantes gregos são muito ricos em ouro e pedras preciosas, e vestem-se em trajes de seda com ornamentos em ouro, andam com seus cavalos pela cidade, e parecem príncipes. Da mesma forma o país é rico em algodão, pão, carne e vinho.

Habitantes com riqueza econômica como em Constantinopla não são vistos em todo o mundo [...].

Os judeus não vivem na cidade: foram assentados em uma enseada, próximos ao mar. Um braço do mar de Mármora impede que, a não ser pelo mar, saiam de seu território, e fazem isso quando desejam negociar com os outros habitantes

Os judeus são finos artesões da seda [Benjamim já havia descrito esse fato sobre os judeus de Tebas] e muitos se transformaram em homens ricos com o comércio; no entanto, são proibidos de montar cavalos. A única exceção é o médico judeu do rei, através de quem os judeus obtêm considerável alívio de sua condição de opressão.

Em geral, a condição de vida deste povo é muito ruim, e há muito ódio contra eles promovido pelos outros curtidores, que atiram sua água suja nas ruas diante das casas ou nos quarteirões onde os judeus moram. Os gregos também odeiam os judeus, bons ou ruins tanto faz, e exercem sobre eles grande opressão [...]. O distrito habitado pelos judeus chama-se Pera.

Contrastando um pouco com a descrição de Tudela, outras referências nos dão conta de que as condições não eram tão ruins; no mínimo, certamente muito melhores do que no Ocidente. Em Constantinopla, as sinagogas (do grego *synagogé* "um lugar de reuniões") eram respeitadas e protegidas, bem como reconhecidos os tribunais judaicos e oficialmente condenados todos os atos anti-semitas (Johnson, 1995).

Estes judeus ancestrais, encontrados em todas as comunidades gregas, receberam o nome de "romaniotes", um termo meio grego, meio latino, com o qual os venezianos designavam a Grécia, "România" (nenhuma relação com a moderna Romênia), para indicar os que viviam na "segunda Roma".

A denominação romaniotes ou romaniotas (também chamados de judeus bizantinos) persiste até hoje, para designar os judeus gregos que viviam no país antes da chegada dos imigrantes sefardis no século xv.

A tradição oral nos dá conta que a mais antiga, mais influente e numerosa (até o Holocausto) comunidade romaniote da Grécia vivia na cidade de Ioannina, na região do Épiro, noroeste da Grécia, desde o ano 70 da era cristã, isto é, após a destruição do Segundo Templo em Jerusalém.

De acordo com a tradição, o imperador romano Tito, após a captura da cidade de Jerusalém (em setembro do ano 70), enviou para Roma centenas de escravos. Uma tempestade terrível teria surpreendido a frota romana perto do que hoje seria a fronteira da Grécia com a Albânia, quando o imperador permitiu o desembarque dos prisioneiros e deixou-os livres por lá mesmo.

Prova documental, porém, da presença de judeus em Ioannina nos é dada apenas por escritores gregos do século xix que, descrevendo a cidade então sob o governo turco de Ali Pashá, falam de uma sinagoga construída no final do nono século da era cristã (Dalven, 1990).

Com o correr dos anos, os romaniotes traduziram seus cantos tradicionais do hebraico para o grego e passaram a orar em grego, aliás uma forma de grego muito arcaica, o que é sugestivo de sua presença ancestral.

Da mesma maneira escreviam textos sagrados em caracteres hebraicos, mas que eram lidos em grego. Não é por coincidência, portanto, que a primeira tradução das Escrituras hebraicas tenha sido feita para o grego.

Com o correr dos séculos, os romaniotes perderam a habilidade de ler em hebraico.

3. A Espanha

Enquanto isso, na outra ponta do Mediterrâneo, a partir do século XII, inicia-se para os judeus uma mudança crucial no seu relacionamento com os cristãos. Embora desde o início da Idade Média vivessem livremente, vestissem as mesmas roupas e falassem a mesma língua de seus vizinhos cristãos, eram mais vulneráveis às desconfianças e a serem tomados como bode expiatório de qualquer problema.

Em toda a Europa – e em particular na Espanha –, cresce muito o ódio instilado ora pelos clérigos, ora pelo povo comum, levando ao massacre de milhares de judeus, invasões de suas casas e estabelecimentos comerciais, e a constantes destruições das sinagogas.

As conversões desesperadas aumentam em grande número, em um momento onde não havia alternativa outra senão beijar a cruz ou ficar na ponta de uma espada.

Mesmo não sendo o escopo deste livro explorar longamente as razões que levaram à explosão brutal do anti-semitismo na Europa Ocidental, algumas delas podem ser citadas, a começar pela maior propagação, pelos clérigos, de que os judeus eram um povo deicida. Embora essa idéia já existisse há muito tempo (pelo menos desde o século III), o papado de Inocêncio III (de 1198 a 1216) marca uma radical tomada de posição nessa questão, fortalecendo essa idéia de assassinos de Cristo.

Senão vejamos uma epístola enviada de Inocêncio III para o Conde de Nevers:

> Os judeus, como o fratricida Caim, estão condenados a vagar sobre a Terra como fugitivos e vagabundos, e suas faces devem estar cobertas de vergonha. Eles não devem, em hipótese alguma, ser protegidos por príncipes cristãos, mas, ao contrário, condenados à servidão (Richards, 1995).

Foi também este generoso Papa – que gostava de se definir como alguém "acima dos homens, mas abaixo de todos os anjos", e o primeiro a adotar o título de Vigário de Cristo – que determinou a brutal cruzada contra os cátaros no sul da França, e a imposição de que todos os judeus deviam portar uma marca em suas roupas, de modo a serem reconhecidos e separados dos cristãos (Walsh, 1998).

Álibis explicitamente mais seculares para transformá-los em caça, e em párias, incluíam a multiplicação do sentimento nacionalista, com o conseqüente ressentimento pela ajuda que haviam oferecido aos mouros, e a idéia de que os judeus eram responsáveis pelo envenenamento dos mananciais, levando à Grande Peste (ou Peste Negra). E, ainda, o despeito pela situação de progresso que muitos exibiam, em contraste com a pobreza da maioria da população.

Os judeus também foram acusados de ter, durante o domínio mouro, introduzido a homossexualidade na Espanha. Posteriormente à expulsão, foram incriminados de ter levado o "mau pecado" para Portugal (Mott, 2002).

Pelo jeito, os católicos nunca haviam praticado "o amor que não ousa dizer seu nome".

Em Sevilha, conta Dines (1990) que, no dia 6 de julho de 1391, foram destruídas 23 sinagogas e massacrados quatro mil judeus, entre homens, mulheres e crianças. Caminhando pela cidade, apenas apagadas memórias relembram que a *judería* original era tão grande, que compreendia os atuais bairros de Santa Cruz (principalmente), Santa Maria Blanca e San Bartolomé. Das muralhas originais nada mais resta.

Pelas ruas de Sevilha contaram-me a lenda (ou história) de que, no século XIV, Diego Sosón – um judeu muito famoso e rico – preparava-se para encabeçar uma revolução popular judia contra os cristãos, reunindo homens e armas na Igreja do Salvador. Não contava, porém, com a traição de sua filha, a formosa (nas lendas elas sempre o são) Sousona. Apaixonada por um cavaleiro cristão e temendo a morte do amado, contou-lhe todos os planos do pai e de seus pares.

Segredos de alcova, como os que hoje a CIA e outros órgãos de inteligência tanto conhecem e tão bem sabem extrair.

Por fim, preso e executado o senhor Sosón, a amargurada e arrependida Sousona pediu que, após a morte, seu corpo (o dela!) deveria ser separado da cabeça, e que essa deveria ser mantida longos anos na soleira de sua porta.

Entre um *jerez* e outro, apiedei-me da pobre Sousona sentado no restaurante Doña Elvira, bem perto de onde, dizem, tudo aconteceu...

Mas voltemos aos relatos do Dines.

O assassinato como ato de amor ao Deus católico rapidamente se estendeu a outros locais da Espanha, como Córdoba, Lérida, Barcelona e cidades vizinhas.

Em 31 de março de 1492, os "pios" reis católicos Fernando e Isabel, no palácio de uma Granada recém-reconquistada três meses antes, assinam o decreto de expulsão dos judeus da Espanha, determinando a saída dos cerca de cento e cinqüenta a duzentos mil judeus da Espanha, pelos "irreparáveis" danos que causavam ao cristianismo. Pesava sobre eles, inclusive, a acusação de que não paravam de fazer proselitismo junto aos "conversos", judeus que "voluntariamente" abraçaram o catolicismo.

É justo aqui fazer um parênteses e dizer que nem todos os conversos eram "criptojudeus". Muitos dos cristãos-novos não apenas abraçaram o catolicismo, como incendiaram, e muito, a fogueira dos inquisidores. O perigo "judaizante" foi bradado, entre outros, pelo antigo rabino Salomón Há-Levi, convertido e já no papel de bispo em Burgos, com o nome de Pablo de Santa María, em seu *Dialogus contra Judaeos*; pelo rabino Jehoshua Há-Lorqui, convertido no frade Jerônimo da Fé, em seu *Hebraeomastix*; pelo converso frade franciscano Alonso de Espina, em seu *Zelus Christi contra Judaeos*, e pelo médico e pensador judeu Abner de Burgos, batizado Alfonso de Valadolid (Baer, 1978; Dumont, 1993).

O livro de Dumont (1993), de onde algumas dessas referências foram tiradas, é no mínimo explosivo e coloca a questão da expulsão dos judeus como uma forma de evitar uma verdadeira guerra civil, o que, afirma, já ocorria em algumas cidades, pelo controle do país entre os cristãos-novos que buscavam "judeizar" o país contra os católicos.

Mas retomemos o curso.

De acordo com o decreto, os judeus do reino deveriam partir, de todo o território da Espanha, Sicília, Mallorca e Sardenha, até o dia 31 de julho do mesmo ano.

Aliás, é bom lembrar que mesmo os judeus superficialmente cristianizados – os "conversos", "marranos" ou *chuetas* das Ilhas Baleares (os dois últimos termos se referem a porco ou, satiricamente, comedor de porco, coisa que os judeus obviamente não faziam) – foram posteriormente forçados a abandonar o reino, no fim do século XVI e início do século XVII. Foram vítimas da ideologia da purificação do sangue, a *limpieza del sangre*, e constituíram uma segunda onda migratória muito menor e mais fragmentada. Embora alguns desses marranos seguissem a rota de seus predecessores pelo Mediterrâneo, outros tantos preferiram rumar para o norte, em busca da tolerância religiosa nos Países Baixos.

Mas retornemos a 1492...

Não que a idéia de expulsão dos judeus não causasse aos reis católicos uma grande hesitação inicial. Sabiam que a saída significava o desaparecimento de uma comunidade que pagava suas taxas diretamente à Coroa e que tinha ajudado a financiar as guerras de reconquista contra os mouros. Valiam seu peso em ouro.

Porém, de nada adiantaram as tentativas de acordo, inclusive financeiro (trezentos mil ducados), proposto por uma delegação liderada por Don Isaac Abravanel, conselheiro financeiro dos reis. Tanto Fernando como Isabel mostraram-se irredutíveis em suas questões de fé (Abravanel, 1943). De nada servia, também, o que todo mundo sabia: que o rei Fernando era de linhagem em parte judaica, pelo lado da mãe, como eram descendentes de judeus alguns dos seus principais conselheiros, como Diego de Valera, Hernando de Talavera (confessor e homem de confiança do casal), Alonso de Palencia, Hernando del Pulgar, Fernando Alvarez, além de vários secretários e diplomatas.

Tampouco serviu de algo a ascendência judaica dos dois Inquisidores gerais – Tomás de Torquemada e Diego Deza –, de domínio público.

Aliás, parece que Isabel, conhecida por sua personalidade forte ("tanto monta, monta tanto, Isabel como Fernando", trocinha popular na Espanha e de evidente fundo sexual), estava fanatizada pelos conselhos de Torquemada, do padre dominicano Alonso de Hojeda e do cardeal de Sevilha Pedro Gonzáles de Mendoza, e não permitiu ao marido qualquer titubeio: "O Senhor colocou este assunto no coração do rei", afirmou a rainha.

Conta-se que um Torquemada enfurecido (e temeroso de um possível recuo na expulsão) comparece certa noite à presença dos monarcas. Teatral, patético, um verdadeiro personagem de Shakespeare (ou de Calderón de La Barca, para ser mais hispânico), despeja sobre a mesa trinta moedas de prata, perguntando por quantas moedas, desta vez, Cristo será vendido aos judeus.

Essa personalidade mais forte trouxe para Isabel, a Católica (título que lhe fora oficialmente dado pela Igreja através de bula papal em 1496), até hoje, os holofotes maiores dessa cena.

Em um artigo publicado no *Times* de Londres, e reproduzido no *L'Express* de Paris em 3 de janeiro de 1991, um porta-voz da Comunidade Islâmica, para a promoção da tolerância religiosa, dizia "Isabel mais parece um demônio do que um santo". Para Samuel Toledano, porta-voz das comunidades judaicas da Espanha, a rainha era um dos maiores símbolos de intolerância da história (Dumont, 1993).

"O judaísmo nunca perdoará a rainha pelo exílio forçado da grande comunidade judaica da Espanha, pelas ameaças e brutalidades que cometeu para obrigar os judeus a se converterem e, como corolário, pelos crimes da Inquisição", declarou Jean Kahn, do Conselho das instituições francesas, no mesmo ano de 1991.

Todos esses protestos fizeram com que a Congregação para as Causas dos Santos, recatada, suspendesse o processo de beatificação de Isabel (Dumont, 1993).

Retomemos o processo de expulsão.

Não era a primeira expulsão. Outras a precederam, como as de 1012, 1348 e 1375 na Alemanha, a de 1290 na Inglaterra, e as de 1306 e 1394 na França. Muitos expulsos desses países refugiaram-se na Espanha. Sem dúvida, no entanto, a expulsão da Espanha foi a maior e a mais dolorosa, na medida em que a comunidade judaica na Espanha era a maior, a mais antiga, a mais próspera e a com participação mais relevante na sociedade, digamos, "hospedeira" (Kamen, 1998).

A expulsão de Portugal viria depois, em 5 de dezembro de 1496, quando o nosso velho e conhecido D. Manuel, o Venturoso, segue o exemplo de Fernando e Isabel e ordena que os judeus portugueses escolham entre a conversão e a expulsão num prazo de onze meses. Quando assumiu o trono, em 1495, aparentemente tudo o que Manuel desejava em relação aos judeus era manter a política de convivência pacífica. Mas seu casamento com a filha dos monarcas espanhóis incluía nas negociações, por parte dos reis católicos, a exigência de que os judeus deveriam ser expulsos.

Os judeus eram empreendedores e regrados, e detinham as alavancas da indústria e do comércio, a ponto de Alexandre Herculano, o historiador, ter visto o Édito de Expulsão como uma das causas da decadência portuguesa. Dos cerca de cem mil judeus espanhóis que se refugiaram em Portugal (os números são absolutamente confusos), acabariam ficando entre quarenta e cinqüenta mil, aceitando a conversão forçada.

Um antigo bispo de Portalegre (Portugal) declararia: "Porque querem mostrar no exterior serem cristãos, sendo judeus no interior, nem ficam judeus nem cristãos". O intérprete de Pedro Álvares Cabral na viagem de descobrimento do Brasil, Gaspar de Gama, era um judeu convertido; o primeiro governador-geral do Brasil, Fernão de Noronha, também o era (Antunes, 2002).

Mas deixemos o Brasil de lado.

O Êxodo dos judeus portugueses intensificou-se após o massacre de dois mil judeus no *pogrom* de Lisboa de 1506, levando mais um grupo a aportar em Thessaloniki (Gerber, 1992).

Mas eu já estou, de novo, querendo falar de tudo ao mesmo tempo. Manias de grego ansioso...

Voltemos à Espanha. Aparentemente, os primeiros judeus já haviam se estabelecido na Península Ibérica quase dois séculos antes de Cristo, junto com as conquistas romanas, e chamavam sua nova terra, a Espanha de hoje, de Sefarad, um nome que já aparece na Bíblia Hebraica, no livro de Abdias.

A partir da sua expulsão da Espanha e Portugal, os descendentes de judeus que se estabeleceram no sul da França, Itália, Marrocos, Egito, Grécia, Turquia, Iêmen, Holanda, Inglaterra e, posteriormente, partiram para as Américas, passaram a denominar-se sefardis.

A expulsão e o aumento da ferocidade da Santa Inquisição (que começara timidamente no final de 1480) levam mais uma vez o povo da Torá – a "terra portátil" de um povo sem terra, nas palavras do poeta judeu-alemão Heinrich Heine – a buscar nova moradia e novo recomeço.

À meia-noite do dia 2 de agosto de 1492, Colombo embarcava para sua mais famosa expedição, tendo de zarpar do pequeno porto de Palos, já que os principais portos da Espanha da época,

Cádiz e Sevilha, estavam entupidos com os barcos levando os judeus sefardis embora.

Era, no calendário judaico, o sétimo de Av, ano judaico de 5232, apenas dois dias antes da data da destruição do primeiro e do segundo Templo, séculos antes. Assim, a expulsão foi sentida como uma terceira *husan*, ou destruição, mais um marco de lamentações.

E la nave va.

4. Na Grécia Otomana

Déshame entrar
Yo me haré lugar.
[Deixa-me entrar
eu me farei um lugar].

PROVÉRBIO JUDEO-ESPANHOL

No mesmo ano em 1492, o sultão Bayezid II – filho de Maomé II, o conquistador de Constantinopla em 1453 – convida os sefardis expulsos da Espanha a transferirem-se com suas propriedades para o Império Otomano.

Falando sobre as regras espanholas referentes aos judeus, impostas por Fernando, Bayezid afirma ironicamente: "Pode você chamar esse rei de sábio e inteligente? Ele está empobrecendo seu país e enriquecendo meu reino" (Benbassa & Rodrigue, 2000). Verdadeira ou apócrifa, a anedota, porém, ilustra muito bem até que ponto os sultões compreenderam a magnitude do ganho econômico que poderiam ter com a imigração judaica.

De fato, o sultão mais do que convida: decreta formalmente

que seus governantes deveriam receber os judeus com todas as facilidades possíveis e condena à morte qualquer ameaça à segurança dos cerca de cem mil novos súditos que, paulatinamente, desembarcam.

Essa cifra é motivo de grande discussão, não sendo possível saber exatamente quantos se converteram e quantos preferiram partir. O número de fugitivos varia imensamente, de quatrocentos mil até cinqüenta mil, dependendo do autor. O número de conversos, também inexato, gira em torno de cem mil, entre 1391 e 1412.

Fontes otomanas, igualmente imprecisas, falam da chegada de entre vinte e catorze mil famílias por todo o Império (Benbassa & Rodrigue, 2000).

Os judeus receberam a promessa de que, no Levante, teriam inteira liberdade de seguir sua religião, falar seu próprio idioma, bem como de organizar-se e dirigir suas próprias comunidades.

Essa certa autodeterminação se inseriria no modelo turco de *cemaat* ou *taife*, posteriormente chamado de *millet*, ou comunidade étnico-religiosa, forma pela qual os turcos dirigiam um império pouco centralizado, multiétnico e multi-religioso, oferecendo uma relativa autonomia – mas não muita – na condução do dia-a-dia de cada grupo específico.

A emigração leva, em um único ano, mais de vinte mil judeus sefardis para a região de Thessaloniki (ou Salônica) e cerca de trinta a quarenta mil para Constantinopla (hoje Istambul), além de um número menor para outras cidades gregas onde, como se ordenou, devido à entrada importante de recursos e mão-de-obra especializada, são muito bem recebidos pelos muçulmanos.

Muitos dos recém-chegados eram hábeis artesões têxteis, artistas, homens de negócio, médicos e intérpretes de várias línguas, utilíssimos nos tratos comerciais.

Os turcos buscavam, assim, reforçar uma classe social intermediária e cobrir o fosso que se abria no Império entre o camponês e o guerreiro.

Mas, nem todos receberam os novos vizinhos com loas de boas vindas.

Em Ioannina, bem como em outras regiões da Grécia – então sob o jugo do Império Otomano –, conta Rae (Rachel) Dalven, escritora romaniote, que a chegada dos judeus sefardis causa desconfiança e mal-estar nas relações com os judeus assimilados há séculos, os romaniotes.

E não eram apenas as diferenças na interpretação das leis religiosas, os costumes e a cultura que dividiam as duas comunidades. Os sefardis recém-chegados, mais desenvolvidos cultural e profissionalmente, tinham orgulho disso e consideravam-se uma classe superior, a verdadeira nobreza entre os judeus, descendentes de Maimônides e tantos outros sábios. Os judeus de outros locais – deixavam claro – pertenceriam às outras seções do povo.

Como vimos, os romaniotes eram a população judaica original do Mediterrâneo Oriental, Constantinopla, Bálcãs e Ásia Menor, e viviam na região desde a Antigüidade, considerando-se, de fato, os verdadeiros descendentes de Israel na Grécia.

Nas cidades onde havia comunidades romaniotes, os sefardis assentavam-se em bairros separados, não buscando qualquer aproximação e construindo suas próprias sinagogas. As sinagogas romaniotes eram identificadas por seu nome, que diferia do das sefardis: Yavanim, Etz Hayim ou Scuola Greca (Messinas & Messinas, 2002*b*).

Se, por um lado, os judeus sefardis passaram imediatamente a desprezar os romaniotes e a não considerá-los judeus – entre outras razões citadas, por não falar ladino –, por outro, os romaniotes achavam que os sefardis deveriam abandonar a língua espanhola, a língua da Inquisição, e adotar o grego da terra que os recebia.

Também um ditado popular dos romaniotes expressava bem suas desconfianças pelos velhos e, agora, pelos novos vizinhos recém-chegados: "Deus nos livre dos turcos de Ioannina, dos gregos de Arta e dos judeus de Salônica".

A falta de sintonia era tanta, que a comunidade romaniote de Ioannina fez um pedido formal ao Grande Rabino de Constantinopla para que proibisse outros judeus de se estabelecerem e abrirem novos negócios na cidade.

Essa desconfiança entre irmãos vai perdurar por séculos, como veremos.

Em Thessaloniki, porém, os judeus espanhóis não encontraram dificuldades na integração com outros judeus, pela simples razão que eles não existiam mais na cidade. Um censo turco de 1478 não registra um único judeu na cidade. Os romaniotes de Thessaloniki haviam sido, compulsoriamente, transferidos pelos turcos para Istambul, após a conquista da cidade, para revitalizar as atividades comerciais da nova capital do Império Otomano.

Em Constantinopla, esses deportados não gozavam da mesma liberalidade, por parte dos turcos, que os sefardis recém-chegados receberam.

Sem expressa permissão das autoridades, os romaniotes assentados e seus descendentes não podiam abandonar a cidade. E, em alguns casos, eram proibidos de contrair casamentos com a população judaica local.

Por razões econômicas, todos eram obrigados a manter o mesmo ramo de atividade que exerciam em sua cidade natal e pelo qual foram escolhidos (Benbassa & Rodrigue, 2000).

A LÍNGUA

A partir do século XVI, a linguagem dos judeus sefardis na Espanha – um misto de espanhol arcaico com gramática e vocabulário dos séculos XIV e XV, chamado ladino (provavelmente corruptela de latim) – torna-se a língua dos judeus gregos, principalmente em Thessaloniki.

Posteriormente, incorporando outros elementos lingüísticos gregos e turcos bem como hebraicos, árabes e franceses, forma-se o *djudezmo* (ou *djidió*) na Grécia, a exemplo de variações ocorridas em outras regiões, como o *spanyol* na Turquia, o *hakitia* no Marrocos e o *teutani* na Argélia e na Tunísia.

O *djudezmo*, *djudeo-espanyol* ou ladino (às vezes os termos são usados indistintamente), falado na Grécia, Bósnia, Sérvia e Romênia, diferem do ladino falado na Inglaterra, em Amsterdam e na Itália, que manteve laços de proximidade com a Espanha e modernizou-se. No ladino grego, é possível encontrar centenas de palavras que desapareceram do moderno espanhol.

De outro lado, os judeus romaniotes de Ioannina, Rodes, Chios e outras cidades gregas também mostram, no seu dia-a-dia, um curioso misto de palavras gregas e hebraicas, como pode ser visto em algumas expressões curiosas como: *me ton Adonai*, 'com Deus' (sendo as duas primeiras palavras em grego e Adonai em hebraico); ou *ti, makóth epathe*, 'que desgraça ocorreu' (dito quando não se entende o comportamento de alguém; em que a palavra do meio é hebraica e as outras gregas); e tantas mais.

Ao longo dos séculos, uma outra língua curiosa originou-se na ilha de Corfu (ou Kérkira, em grego), o *corfiote*, um misto de grego com o dialeto dos venezianos, que dominaram a ilha por cerca de três séculos, a partir de 1387.

Sam Osmo, brasileiro e descendente de judeus gregos de Corfu, empenhado na reconstituição da cultura dos corfiotes, recentemente ofereceu-me um esboço para um dicionário judaico-corfiote. Em 10 de junho de 2002, Osmo, bem como outros descendentes, inauguraram um memorial em homenagem às vítimas do Holocausto e empreenderam a reforma da velha sinagoga Sciola Greca.

É interessante imaginar uma robusta *máma* (do italiano *mamma*) servindo pão com *butiro* ('manteiga' em grego) com *formáio e pan* (do italiano *formaggio e pane*) e um fumegante *pasticchio venetsianikó* (tradicional torta grega de macarrão) para o *barba* ('tio' em grego), a *iaiá* ('avó' em grego) e o *fio* (do italiano *figlio*).

Um idioma que foi salvo por menos de 150 pessoas sobreviventes do Holocausto.

EM THESSALONIKI

A cidade de Salônica ou Thessaloniki, antigamente uma suntuosa metrópole bizantina (de fato a segunda cidade do Império em importância), fora tomada pelo sultão Murad II em 26 de março de 1430, após três dias de resistência feroz por parte da população grega. A entrada dos turcos na cidade foi seguida do massacre de toda a população de homens, mulheres e crianças, numa barbárie lembrada até hoje.

Transformada pelos turcos em um porto sonolento com cerca de mil habitantes (cerca de quarenta mil antes da dominação), vê seu cotidiano revolucionado pela chegada dos exilados que, rapidamente, infundem nova vida a uma cidade quase fantasma.

Desde 1376, principalmente para Kavalla, no norte do país, já vinham chegando à Grécia, além dos judeus espanhóis, imigrantes judeus da Hungria – fugindo das perseguições iniciadas após a

Peste Negra –, da Itália (particularmente da Calábria), da Alemanha (asquenazes falando *idische*), Romênia e norte da África.

O século XVI traz os judeus da Apúlia (atual Puglia, região no sul da Itália), que buscam um lar novo, e mais pacífico, na Ilha de Corfu.

Sobrenomes da comunidade Sefardi recém-chegada a Thessaloniki – e que podem ser traçados até hoje – incluem os Pinto, Reconati, Toledano, Molho, Catalonia, Aragon, Portugal, Sephia, Matarasso, Romano, Sevilia, Taragano, Mendosa e Abravanel, bem como todas as variantes possíveis e muitos outros.

Seus nomes próprios, durante séculos, descortinavam a origem espanhola – Alegria, Angel, Angela, Amado, Amada, Bienvenida, Blanco, Cara, Cimfa, Comprado, Consuela, Dolza, Esperanza, Estimada, Estrella, Formosa, Gracia, Preciosa, Sol, Ventura, Palomba, Luna e outros (*Jewish Encyclopedia*, 2002). Recordo-me com saudade de um *moussaká* maravilhoso, ao som de um não menos notável cantor e tocador de *bouzouki*, em um pequeno restaurante de Plaka, em Atenas. Por trás do grande bigode "à grega", retorcido nas pontas, qual não foi minha incredulidade quando o Sr. Precioso Pacheco apresentou-se, após os meus aplausos entusiasmados: *Ekató tis ekatós* ('cem por cento') grego de Thessaloniki.

Antes, como hoje, os nomes são importantes entre os judeus, e entre a comunidade de Thessaloniki não havia sobrenome mais importante do que o de Abravanel.

Dines nos oferece uma longa e pormenorizada história dos Abravanel, da Espanha para a Grécia e depois para o Baú da Felicidade, entre outros destinos (Dines, 1990).

Recentemente, o descendente direto de Don Isaac Abravanel, Fredy Abravanel – originário de Thessaloniki – foi diretor do Museu Judaico em Atenas.

Conta Stein (1997) que "bastava el nombre de Abravanel" para assegurar certo prestígio na comunidade e abrir portas inacessíveis.

Estabelecidos em Thessaloniki, os sefardis tinham seus próprios bairros.

Cada comunidade postou-se em separado, como que constituindo pequenos "Estados" independentes, de acordo com suas origens, ao redor de uma grande praça central comum a todas elas. Essas congregações eram chamadas pelos seus nomes ibéricos das cidades ou regiões de onde provinham (Catalunha, Toledo, Córdoba), pelos nomes de seus países (Portugal), por nomes de famílias, ou por alguma homenagem que quisessem prestar (Seniora, dado em honra a Doña Gracia Mendes, a grande benemérita dos marranos), ou evento a lembrar (Gerush, em hebraico, 'Expulsão'). Isso reproduzia o modelo já existente em outras cidades, adotado pelos romaniotes: Poli Yashan (do grego *pólis* 'cidade', isto é, Velha Cidade), Budun (dos húngaros: Buda), Alman (dos asquenazes: Alemanha) (Gerber, 1992).

Beatriz Mendes ou Doña Gracia – equivalente espanhol para Hannah –, da Casa de Nasi, merece um parágrafo a parte.

Nascida em Lisboa em 1510, era filha de uma família expulsa da Espanha em 1492 e que, estabecida em Portugal, foi forçadamente convertida ao Cristianismo, em 1497, pelo rei D. Manuel.

Aos dezoito anos, Beatriz de Luna casa-se com Francisco Mendes, membro de uma tradicional família de banqueiros e comerciantes de especiarias e pedras preciosas, também judeus fugidos da Espanha.

Enviúva aos vinte e cinco anos e, com a morte a seguir de seu cunhado Diogo Mendes, em Antuérpia, em 1542, de uma hora para outra se torna a única dona de uma imensa fortuna.

Até mudar-se com sua família para Constantinopla, em 1553, viajou quase que ininterruptamente pela Europa, utilizando seus recursos para construir uma rede clandestina, fazendo escapar da Inquisição inúmeras famílias marranas da Europa e assegurando meios de imigração para elas.

Sua biografia, escrita por Cecil Roth (1948), inclui lances heróicos e outros dramáticos, como a denúncia de criptojudaísmo, acusada por sua própria irmã Brianda e seu irmão Áries, na tentativa de ganhar o controle sobre os bens da família.

A partir de sua chegada ao Império Otomano, abandonou definitivamente seu nome cristão e reassumiu o nome de Gracia Nasi, continuando a usar seus recursos para auxiliar seus pares até sua morte, em 1569.

Seu sobrinho Joseph Nasi chegou a ser nomeado Duque de Naxos, em 1566, pelo sultão, dada a sua enorme influência econômica no Império (*jewishencyclopedia.com*)

Voltemos a esse mundo de gente.

A maioria dos recém-chegados era de castelhanos e, chistosos, logo foi criado um folclore a respeito das outras comunidades. Os aragoneses eram vistos como os mais tradicionalistas e conservadores, orgulhosos e donos de uma enorme falta de humildade no trato com as outras comunidades, autocentrados e não colaborativos nos eventuais projetos comuns. Aos catalães, vindos principalmente de Girona, sobravam elogios: eram tidos como um grupo sempre em estado de alerta, dinâmicos, amistosos, trabalhadores e inteligentes. Em seu livro de memórias, Glória Stein relembra que seu avô costumava dizer: "Los catalanes de las piedras sacan panes" – "Os catalães tiram pão das pedras" –, uma variante do nosso corriqueiro "tirar leite da pedra".

Os que imigraram da Galícia estavam acostumados a viver

em condições mais pobres, eram gente muito simples, de pouca cultura. Sua língua era mal entendida pelos outros e costumavam iniciar sempre uma conversação, ou pelo menos tentavam, com a frase "Somos gallegos, no nos entendemos" – "Somos galegos, não nos entendemos" (Stein, 1997).

Além dessas quatro mais importantes congregações, era possível encontrar grandes comunidades de imigrantes oriundos de Toledo, Córdoba, Évora, Lisboa e outras cidades.

Em Thessaloniki e Istambul, dependendo do período, era possível contar entre trinta e cem comunidades; outras cidades menores tinham algo entre cinco e dez.

Cada comunidade auto-segregada possuía sua própria aristocracia, sua classe média e seu proletariado, unidos por laços familiares, financeiros e comerciais. Cada grupo contava com seus líderes religiosos e políticos, com administração própria, registros, propriedades e entrada de receitas.

Grupo após grupo ergueu sua própria sinagoga, que passou a desempenhar o papel de centro espiritual, religioso e administrativo de cada comunidade individual (Messinas & Messinas, 2002*b*).

Com o tempo, a centralização desse verdadeiro mosaico tornou-se necessária para negociar com melhor competência, principalmente com os turcos, mas também com os venezianos, genoveses e outros clientes distantes.

Para organizar essas atividades, em 1520, foi construída a Talmud Torah Hagadol, sinagoga-escola comum a todas as comunidades.

Líderes da comunidade – como Raphael Asher Covo e Don Señor Benveniste e outros – organizaram um sistema fiscal e judiciário comum, bem como fundaram escolas, livrarias e seminários teológicos, além de uma escola médica, compartilhados por todos os grupos.

Tentativas semelhantes de integração, no entanto, não foram suficientes para afastar totalmente as eventuais desavenças étnicas entre subgrupos, como entre portugueses e espanhóis ao longo do século XVI, seja em Thessaloniki, seja em outras cidades menores, como Monastir e Valona, na Albânia (Bornstein-Makovetsky, 1989).

Comunidades fundadas posteriormente, como a de Esmirna, na atual Turquia, agregavam ao nome de sua comunidade não apenas sua denominação de origem na Península Ibérica, mas também o nome da cidade grega que constituía seu domicílio mais recente.

Eu não disse que era um mosaico!?

Talvez um dos pontos mais frágeis de toda essa nova sociedade fosse a constituição de um mecanismo jurídico.

Embora a lei islâmica fosse a única oficialmente reconhecida em todo o Império – julgados os casos e proferida a sentença sempre por um cádi (do árabe *qadi*, 'juíz') –, e não houvesse qualquer autonomia jurídica oficialmente estabelecida, os judeus buscavam resolver suas questões dentro das cortes judaicas, oficiosas para os turcos, mas que, para os judeus, em princípio, tinham força de lei.

Ocorria, porém, que dada a força legal limitada das decisões internas, os judeus que se sentiam prejudicados por alguma decisão da comunidade muitas vezes recorriam ao *qadi*, apesar das constantes proibições dos rabinos, tentando manter a situação circunscrita à comunidade.

A maior parte dos judeus, no entanto, resolvia suas questões intramuros, na medida em que um indivíduo podia perfeitamen-

Nome	Origem dos membros	Fundação
1. Ez Achaim ve Ez Adaat	Romaniote	século I a.c.
2. Ashkenaz	Asquenaze (Europa Central)	1376
3. Provencia	França (Provence)	1394
4. Itália Yashan	Itália	1423
5. Sicilia Yashan	Itália (Sicília)	1423 ou 1493 ou 1505
6. Gerush Sepharad	Espanha	1492
7. Castilia	Espanha (Castela)	1492
8. Mayor Rishon	Espanha (Mallorca)	1492
9. Catalan Yashan	Espanha (Catalunha)	1492
10. Aragon	Espanha (Aragão)	1492
11. Neve Shalom	Itália (Calabria)	1497
12. Pulia	Itália (Puglia)	1502
13. Évora	Portugal	1512 ou 1535
14. Ishmael	Itália (Calábria)	1517
15. Lisbon Yashan	Portugal	1519
16. Talmud Torah haGadol	Sinagoga Central	1520
17. Portugal	Portugal	1525
18. Estrug	Itália (Puglia)	1535
19. Catalan Hadas	Espanha (Catalunha)	Século XVI
20. Mayor Seni	Espanha (Majorca)	Século XVI
21. Lisbon Hadas	Portugal (Lisboa)	1537
22. Otranto	Itália (Puglia)	1537
23. Kiana	Itália (Calábria)	1545
24. Neve Sedek	Itália (Calábria)	1550
25. Yahia	Portugal	1560
26. Sicilia Hadas	Itália (Sicília)	1562
27. Beth Aaron	Itália (Sicília)	1575
28. Itália Hadas	Itália	1582
29. Itália Shialom	Itália	1606
30. Shialom	Misto	1606
31. Ar Gavoa	Itália (Puglia)	1663
32. Mograbish	Norte da Africa	antes de 1680, provavelmente

te passar sua vida toda, do nascimento até sua morte, vivendo apenas dentro de seu grupo, trabalhando somente com outros judeus, dependendo das sociedades de assistência judaica e freqüentando a mesma sinagoga.

Rebeldes de qualquer ordem poderiam receber punições, que variavam numa escala crescente, desde represenões privadas, públicas, suspensão temporária dos direitos religiosos, até o extremo da excomunhão (*herem*), pronunciada com grande e grave solenidade na sinagoga.

A efetivação da *herem* – ou a mera ameaça dela – era a pena mais temida que alguém poderia receber: sigificava ser definitivamente excluído do grupo, deixar de ser judeu e, em maior extensão, deixar de existir. Seu vinho, seus livros e roupas, seu pão ou qualquer outro pertence não podiam ser mais usados por ninguém, tornavam-se intocáveis. Um homem não poderia mais fazer parte do *quorum* de dez homens necessários para a cerimônia religiosa, e não podia ser enterrado em cemitério judeu.

Aos outros membros da comunidade, e mesmo da família, era proibido conversar com o excomungado, visitá-lo, ou negociar com ele.

Estava, a partir daquele momento, "apartado de la judería" (Benbassa & Rodrigue, 2000).

O PROGRESSO

Durante o século XVI, floresce em Thessaloniki a industria têxtil, tornando-se a maior de todo o Império Otomano. Foi esse progresso que transformou a cidade não apenas na mais importante cidade do Império Otomano e do Mediterrâneo, mas, também, na mais importante da história moderna do Judaísmo.

Discussões acadêmicas sugerem que a cidade já ocupava um importante papel têxtil entre os gregos e turcos, antecedendo, portanto, a chegada dos exilados, que, de qualquer forma, se assim for, levaram a produção ao seu máximo, pela introdução de importantes avanços tecnológicos (Braude, 2002).

Desse modo, os sefardis deixaram de pagar as pesadas taxas impostas pelos turcos em moeda, fazendo-o em tecidos, oferecendo produtos de boa qualidade para a aristocracia turca e vestindo os uniformes de todo o exército. A pujança de sua indústria era suficientemente grande para conquistar também outros mercados na Europa, principalmente nas cidades italianas

Em 1540, a cidade produziu quarenta mil peças de roupa de lã e um número não referido de peças de seda.

Durante mais de cem anos, a indústria têxtil era a única fonte de renda da grande maioria da população.

A partir da manufatura de roupas, as outras comunidades sefardis – de Edirne, Larissa, Trikala e Rodes, entre outras – também tiveram um extraordinário impulso econômico, beneficiando-se da experiência prévia dos judeus vindos da Espanha e da Sicília.

Vive-se um período onde, primeiro na Europa e, depois, no Império Otomano, as roupas passaram a ser signo de poder, e a boa qualidade das roupas de Thessaloniki concorriam em pé de igualdade com a manufatura de ingleses e espanhóis.

O tamanho do turbante, gigantesco para os sultões, evidenciava a posição do usuário, e sua cor, a posição religiosa, sendo branco para os muçulmanos, amarelo para os judeus e azul para os cristãos. Os caftãs, cada vez mais refinados, em seda brocada para homens e mulheres, as anáguas destas, todos os trajes e as decorações passavam a exibir a opulência de um império que se sentia quase imbatível.

De todos, os janízaros eram os que se vestiam com maior elegância e requinte, e cabia aos sefardis contentá-los em opulência e qualidade, através das taxas pagas em roupas, a chamada "roupa do rei".

Quase um século depois, em 1637, já numa época de menos riqueza, o rabino Judah Covo, liderando uma equipe de judeus de Thessaloniki em Istambul, tentando uma renegociação da taxa sobre as roupas, foi trucidado pelos janízaros, em protesto pela má qualidade da roupa que lhes entregara (Avitsur, 1978).

Algumas mulheres judias adquiriram um sigificativo papel como intermediárias entre o harém imperial, intransponível, e o mundo externo. Conhecidas pelo nome grego de *kyria* (senhora), figuras como Esther Handali e Esperanza Malchi, no final do século XVI, tornaram-se fornecedoras de jóias e roupas para o harém, e amigas íntimas, confidentes e partícipes das intrigas entre as mulheres e mães dos sultões. Aparentemente, no entanto, intriga não era uma atividade segura no Império, e as duas senhoras acabaram pagando com suas próprias vidas pelas indiscrições (Benbassa & Rodrigue, 2000).

Mas não apenas como artesãos os judeus progrediam. Em função de suas qualidades e conhecimento, uma elite logo passou a ocupar cargos militares e administrativos junto ao Sultão (Davison, 1968).

O crescimento do comércio com a Europa tornou-os embaixadores, emprestadores de dinheiro e banqueiros, para o próprio Sultão e para os governadores locais.

Experiência adquirida na Espanha, emprestaram seus dotes como coletores de impostos, tornando-se imprescindíveis em várias regiões do Império, do Danúbio ao Adriático, portos do Mar Egeu, Esmirna e até no Egito.

O exemplo mais notável foi o financista e milionário marrano Don Josef Nasi ou João Mendes, já citado, que construiu para os turcos uma eficientíssima rede de coleta de impostos na metade do século xvi. Considerado o maior banqueiro e empresário do Império, ao lado do grego Michalis Cantacuzenus, sua eficiência e sucesso econômico fê-lo amigo íntimo de Suleiman e de seu sucessor Selim ii, tendo atuado em nome do Império em questões diplomáticas junto a Polônia, Itália e Espanha (Roth, 1948).

Junto com os phanariotas – mercadores gregos que viviam no bairro de Phanar –, os judeus controlavam, de Constantinopla, grande parte do comércio de grãos e peles do mar Negro (Hourani, 1994).

Ainda no século xvi, a comunidade representada por Moshe Almosmino visitou Constantinopla, onde conseguiu de Suleiman i, o Magnífico, o título de Musslenik, isto é, uma comunidade administrativa autônoma, respondendo a partir daí diretamente ao sultão e obtendo grandes privilégios fiscais.

Esse florescimento sem fim atraiu rabinos, médicos, poetas, comerciantes, intelectuais de toda cepa e estudantes de todos os cantos, ganhando Thessaloniki a reputação de cidade Mãe de Israel (*ir v'em beyisral*), título dado pelo poeta Samuel Uskoe, judeu de Ferrara (Nar, 1999).

A cidade cresce em importância e população, chegando a ser, no século xvi, uma cidade predominantemente judaica.

Um censo realizado pelos turcos nesse período apontava na área metropolitana 15 715 judeus, morando em 16 bairros diferentes (Rogoz, Agia Sofia, Kaldirgoc, Pulia, Leviye, Aguda, Yeni Havlu, Baru, Findik, Kadi, Bedaron, Kühlan, Salhane, Tophâne, Malta e Ez Haim), contra 6 870 muçulmanos e 6 635 cristãos gregos.

De lá, no lombo de suas mulas, partiram também famílias inteiras de mercadores judeus em direção a várias cidades balcânicas, como Sarajevo, Belgrado, Valona, Sofia e ilhas do Mar Egeu, onde criaram uma importante rede comercial (Shaw & Shaw, 1991; Eventov, 1971).

O SÉCULO XVII

O sonho de progresso sem fim cede seu lugar a uma dura realidade e, já no início do século XVII, a importância da cidade de Thessaloniki começa a declinar, acompanhando a lenta porém progressiva perda do fausto e poderio econômico do Império Otomano.

Várias razões podem explicar essa queda.

Portugueses e espanhóis firmam as novas rotas marítimas para as Índias, levando, a partir daí, à paulatina perda da importância dos antigos caminhos orientais explorados pelos comerciantes venezianos. A antiga República Sereníssima já não tem o mesmo poder que detinha no passado, e os judeus passam a se ressentir do declínio financeiro de seus principais clientes e parceiros.

O desenvolvimento de uma eficiente industria têxtil – em ilhas gregas do mar Jônico como Zákynthos (Zante), Itháki (Ítaca), Kérkira (Corfu), e em Kríti (Creta) – e a chegada de roupas inglesas ao mercado, importadas mais baratas, acirram a concorrência e derrubam o preço do produto (Braude, 2002).

Dizia-se, entre os otomanos, que doze vezes Suleiman saíra com seu exército e doze vezes voltara vencedor. Número aziago, a décima terceira campanha iniciou-se em 1º de maio de 1566, quando ele pessoalmente saiu com seu exército em direção ao norte para enfrentar os húngaros. Caiu doente e, em 6 de setembro de 1566, morreu durante o cerco do forte de Szigetvár, uma fortaleza na Hungria (Bridge, 1983).

Selim, que anos antes havia empreendido uma luta fraticida contra seu irmão Bayazid, era o único herdeiro do trono (Holt et alli, 1970).

Suleiman I, o Magnífico – "sultão dos sultões, rei dos reis, distribuidor de coroas aos príncipes do mundo, a sombra de Deus na Terra" (Time-Life, 1992) –, entrega seu vasto império para uma série de sucessores incompetentes e corruptos, que não herdaram o menor traço dos méritos do Magnífico sultão. O primeiro deles, seu filho Selim, passou para a história com a alcunha nada elogiosa de "o Ébrio", tendo morrido em circunstâncias menos meritórias ainda, após uma queda, embriagado, no chão do banheiro de mármore no palácio de Topkapi. As expectativas de que Murad III, seu sucessor, colocasse o Império nos trilhos não ocorreram, em parte devido a seu excessivo apego aos prazeres do harém e à pouca disposição para negócios "mais sérios e entediantes".

A ascenção de Maomé III, filho de Murad III, levou ao maior massacre fraticida da história dos otomanos. A mando de Maomé III, todos os dezenove irmãos (além de quinze escravas, grávidas de seu pai) foram estrangulados, e suas irmãs trancafiadas no Palácio Velho.

A partir daí, Maomé III passou muito de seu tempo mais preocupado com sua volúpia por seus eunucos e por seu harém, deixando de acompanhar as decisões cotidianas de seus ministros, levando a um crescente esquema de corrupção e nepotismo (Inalcik, 1973; Parry, 1976).

A excessiva intromissão do harém na política, a inflação crescente (resultado da entrada em massa da prata americana), o empobrecimento das populações rurais, o banditismo crescente (estimulando o êxodo para as cidades fortificadas), aliados à omissão do sultão criaram a receita do declínio.

As guerras na Europa começam a apresentar resultados desastrosos, como a derrota em Viena, em 1683, na segunda tentativa turca de sitiar a cidade, as constantes vitórias de austríacos e russos (Roberts,1992), e a fragorosa derrota da armada turca para a Santa Aliança (o papado,Veneza e a Espanha), na costa oeste da Grécia, no golfo de Patras, em Lepanto (Schevill, 1991).

O empobrecimento da outrora rica comunidade judaica acompanha, em todas as áreas, o destino do Império (seu maior cliente) e faz-se patente inclusive na fé ou, melhor dizendo, na sua perda.

Cai o interesse pelos estudos bíblicos e aumenta o misticismo, e o estudo da Cabala e de seu principal livro, o *Zohar*.

No meio deste clima místico, chegam notícias pesarosas dando conta dos massacres contra os judeus na Polônia, perpetrados por Bohdan Khmenitsky (ou Bogdan Jmelnytsky) e seus cossacos, durante o levante contra o governo polonês, de todas as comunidades ucranianas ao norte do mar Negro em 1648 (Florentin, 2003).

Khmenitsky, um militar cossaco considerado herói nacional da Ucrânia, foi responsável, entre 1648 e 1658, pelo assassinato de aproximadamente cem mil judeus, que, em função de seu papel de intermediários entre a aristocracia polonesa dominadora e os miseráveis camponeses ucranianos explorados, eram odiados pelos ucranianos (Unterman, 1992).

Mais uma *husan*, ou destruição, para as lamentações.

Mas, se as coisas andavam mal economicamente para a comunidade, no Império Otomano, pelo menos, não havia perseguição religiosa sistemática contra cristãos ou judeus.

Impunha-se um sistema de separação, onde os não-muçulmanos não gozavam de igualdade jurídica ou social, mas havia também o respeito aos outros Povos do Livro, desde que permanecessem e aceitassem a posição subalterna.

É importante salientar que o grande massacre, sempre lembrado, levado a cabo por Maomé contra a tribo judaica de Khaybar, na luta pela defesa de Medina, em 627, ocorreu na vigência de uma guerra, e esse trágico começo na relação entre os dois povos não marcou, de forma alguma, as relações entre judeus e muçulmanos ao longo dos tempos.

Já em 627, após o término da batalha de Medina, grupos judaicos voltaram à cidade e viveram em paz por séculos.

O anti-semitismo, diga-se a bem da verdade, é um fenômeno do cristianismo ocidental, e, em menor monta, do cristianismo oriental, nunca do Islã.

Os mitos anti-semitas europeus foram introduzidos no Oriente Médio no final do século XIX e início do século XX, por missionários cristãos, e na época eram considerados ridículos pelos árabes (Armstrong, 1991).

Cabe lembrar que todo o respeito que durante séculos o Império Otomano devotou aos cristãos irá ruir, de maneira sangrenta, no início do século XX.

De 1900 a 1923, os turcos mataram mais de dois milhões de armênios e cerca de trezentos e cinquenta mil gregos. Estes dois genocídios foram totalmente ignorados pelas potências ocidentais, a ponto de Adolf Hitler, quando incitava seus generais a matar os judeus sem piedade, repetir: "Quem, depois de tudo, fala hoje do aniquilamento dos armênios?". A matança contra os cristãos ceifou outras cem mil almas, entre cristãos libaneses, sírios e outros árabes (*www.cilicia.com*).

Voltemos ao século XVII.

Os impostos para os não-muçulmanos passaram a ser considerados ainda mais extorsivos, dadas as condições de empobrecimento da comunidade, mas isso era tudo o que se podia reclamar: a mão forte do Islã agia militarmente contra os não-muçulmanos apenas quando pressentia alguma ameaça de irredentismo entre seus súditos.

Um bom exemplo, que mistura o misticismo crescente entre os judeus com a reação dura dos turcos, é a história de Sabatai Tzvi, o Falso Messias.

SABATAI TZVI, O FALSO MESSIAS

Em 1648, certos escritos cabalísticos prevêm que aquele finalmente seria o ano da ressurreição e, quem sabe, também da redenção completa do povo judeu.

Mas, justo naquele ano, quando Khmenitsky havia iniciado seu mar de sangue? E numa era onde a antiga riqueza minguara para os sefardis gregos?

Talvez, até, por isso.

Quanto maior a desgraça, maior a necessidade de esperança, e os sofrimentos da comunidade ucraniana foram, assim, identificados como as dores do parto do Messias.

Talvez não seja exato dizer que as condições da época levaram à substituição da contemplação mística como caminho de redenção, mas pelo menos acrescentaram e fizeram predominar um novo elemento: o fervor messiânico. Uma fé de característica apocalíptica, levando ao fim do sofrimento e da degradação, com a restituição da ordem cósmica através de um ser terrestre, começa a dominar o desejo coletivo.

Essa idéia não era nova e já vinha sendo traçada na Palestina, em Safed (atual Zfat), maior centro do misticismo judaico, quase cem anos antes, por Isaac Luria. Nascido em 1534 e falecido em 1572, Luria foi um pensador de grande originalidade e, até hoje, seu túmulo é objeto de peregrinações.

Baseado em suas visões e meditações, pregava que a vida do Universo havia entrado em desordem, e era tarefa – particularmente dos judeus – ajudar a Deus na reorganização do caos, vivendo uma vida justa. Apenas assim a tão esperada redenção viria (Hourani, 1994).

Até então, o fenômeno messiânico no judaísmo sempre encontrara repercussão muito limitada, de caráter local e de curta duração temporal.

Nunca, da Inglaterra à Pérsia, da Alemanha ao Marrocos, e da Polônia ao Yêmen, por onde estivessem espalhados os filhos de Israel, um movimento messiânico havia surgido tão forte como o que se seguiria.

E assim ocorreria a partir do momento em que, naquele ano, em Esmirna, um jovem rabino cabalista chamado Sabatai Tzvi proclama-se o Messias.

Sabatai Tzvi – ou variantes como Shabtai, Sabbatai, Shabbatai, Sabethai, Shabbetai e Zevi, Zvi ou Zwi –, nascido naquela cidade em 1626 (ou no dia nove do mês de Av do calendário hebreu de 5386). O nove de Av é o dia em que os judeus relembram a destruição do primeiro templo pelos babilônios, em 586 a.C, e do segundo pelos romanos em 70 d.C. Quando de seu nascimento, o nove de Av caiu no Shabbath e, como tantos outros meninos, ele recebeu o nome de Sabatai.

Segundo um Midrash, o nove de Av seria a data de nascimento do Messias, o que leva alguns a sugerir que Sabatai, talvez orientado por Natan de Gaza, tenha alterado sua data de nascimento para ajustar-se à profecia.

Esmirna (Izmir, para os turcos) era um centro comercial e multicultural importante, congregando, além dos turcos, uma grande população grega, armênia e judaica.

Filho de Mordechai Tzvi, um agente comercial nascido na região de Moréia (antigo nome para o Peloponeso), na Grécia, e representante de firmas inglesas (particularmente a poderosa Levant Company) e holandesas, desde a juventude Sabatai se mostra muito diferente de seus dois irmãos.

Segundo seus biógrafos, já entre os 15 e 20 anos começa a dar sinais do desequilíbrio que iria acompanhá-lo a vida toda, e que os pais – Mordechai e Clara – e seus irmãos – Elias e Josef – logo notaram.

Não foi apenas o seu mais íntimo círculo familiar que estranhava esse adolescente ora ensimesmado, ora atrapalhado e desastrado.

Citado por John Freely, que colecionava histórias sobre a vida de Sabatai na Turquia, publicadas em 1707, Tobias Rofe Asquenaze conta: "Apesar de seu conhecimento e erudição, ele sempre fazia tolices [...] de modo que todas as pessoas que o conheciam comentavam a seu respeito e o chamavam de tolo" (Freely, 2002).

Tempos depois (de fato, pouco depois), sua classificação na nosologia popular já mudaria de tolo para completamente louco.

Sabatai alterna períodos (ora mais longos, ora mais curtos) de grande excitação e hiperatividade, com estados opostos de profunda melancolia e apatia.

Blasfema, e grita incessantemente o nome proibido de Deus (o Tetragrama YHWH, de onde vem a forma cristã Javé ou Jeová);

no meio da praça lotada, fala alto sem parar e, agitado, sem conseguir dormir, promove três festas ao mesmo tempo.

Certo dia acorda e passa a acreditar que está levitando e, em êxtase, repete o trecho do Livro de Isaías 14,14: "Subirei acima das mais altas nuvens, tornar-me-ei semelhante ao Altíssimo". Para os que com ar jocoso lhe diziam que não o viram tirar os pés do chão, respondia encolerizado que não puderam contemplar tão gloriosa visão por não serem puros como ele o era (Freely, 2002).

Assim como subia ao céu, rapidamente parecia descer ao inferno e, abruptamente, isolava-se do mundo, fugindo para o deserto com o rosto contorcido.

Recolhe-se para chorar e declarar-se tomado por uma dor inescapável, por uma culpa sem perdão e por fantasias diabólicas e sexuais terríveis. Recusa toda a alimentação que lhe oferecem, ora diz não ter fome, ora afirma não merecer comer, mostrando-se totalmente incapaz para todas as atividades.

Assim é Deus, sugere Johnson (1995), ilumina e depois "oculta" a sua face.

Menos poético, sugiro eu que a descrição de seu comportamento hoje não o livraria de um diagnóstico de doença bipolar (antigamente Psicose Maníaco-Depressiva) e de um tratamento psiquiátrico com lítio.

Na década de 1650, Sabatai é expulso sucessivamente de Esmirna, Thessaloniki e Constantinopla, por inúmeros problemas causados.

Em Esmirna, casara-se uma primeira vez aos vinte e dois anos de idade e, como não consumasse o casamento após alguns meses, o pai da noiva buscou um tribunal rabínico e o casamento foi anulado. Novamente se casa, pouco tempo depois, e a história é idêntica: novo divórcio.

Anos depois, em 1664, provavelmente durante um estado de euforia, casar-se-á mais uma vez, no Cairo, e, diriam seus detratores, com uma mulher de "má reputação".

Se a reputação era boa ou ruim, é difícil saber, mas Sara era uma mulher que veio de Amsterdã com a fama de dizer coisas estranhas, entre elas a de que fora escolhida por Deus para casar com o Messias, fato que provocava risadas.

Voltemos.

Expulso de Esmirna, buscou refúgio em Thessaloniki (entre os anos de 1652 e 1654), no seio da grande comunidade sefardi ali existente.

Não se sabe exatamente quanto tempo permaneceu na cidade, sendo novamente expulso, com grande revolta, após oferecer um banquete para celebrar seu casamento com "a mais bela e adorável dama" do mundo, a Torá.

Indignado diante da reação dos rabinos, passa a ofendê-los, dizendo-se no direito de escolher quem e o que quisesse desposar, já que era o Messias.

A expulsão ocorreu após uma rápida reunião do tribunal rabínico, sob a acusação de loucura.

Apesar disso, sua passagem breve deixou profundas marcas, tornando a cidade de Thessaloniki o maior centro do movimento sabataísta.

Sabatai retoma novamente sua vocação de andarilho e viaja pela Grécia, visitando várias cidades entre Thessaloniki e Atenas, e aparentemente se detendo mais tempo em Tebas e em Larissa, onde havia uma grande comunidade judaica.

Não há registros adequados de quanto tempo permaneceu em Atenas.

A cidade era pouco mais que um vilarejo, com cerca de sete

a oito mil habitantes, restrita praticamente aos bairros atuais de Plaka e Monastiraki. Os judeus viviam em Monastiraki, hoje um bairro famoso pelo comércio de rua, perto do antigo cemitério de Keramikos, onde ainda está a antiga sinagoga de Atenas (Freely, 2002).

De Atenas para Patras, terra de seu pai.

Cita Freely que um antigo recenseamento turco, do século XVI, contava 1812 judeus na cidade, e que, em 1967, quando visitou a cidade pela primeira vez, eram apenas dezenove judeus, que se reduziram para uma única família quando de sua segunda visita em 1993.

Em 1996, quando visitei Patras em busca da casa paterna, não se sabia de qualquer família judia na cidade.

Voltemos, o Holocausto ainda tarda.

Sabatai Tzvi perambulou ainda por muitos lugares, incluindo a ilha Rodes e a cidade de Alexandria, sendo ora expulso, ora ridicularizado, ora simplesmente ignorado, sem seguidores e sem construir nada de concreto a partir das aspirações grandiosas que o dominavam em suas fases de exaltação (*haara*).

Provavelmente porque seus períodos de depressão (*panum* ou *nefila*) aniquilavam seu pragmatismo, ou simplesmente porque lhe faltava o que Shakespeare chamou de uma "certa ordem na loucura", para que seu discurso pudesse parecer consistente a alguém.

Não fosse o fortuito estabelecimento de Sabatai em Jerusalém, quando tinha cerca de 40 anos, e o encontro com o jovem estudante de Talmud, Natan de Gaza, então com aproximadamente 18 anos, ele seria mais um nebuloso e obscuro candidato a profeta, vagando até morrer com seus delírios de vocação especial.

Sabatai parecia estar mais tranqüilo no início de sua chegada a Jerusalém, quando freqüentava durante o dia uma academia talmúdica (*hesger*), comandada por Jacob Hagiz e freqüentada por rabinos ilustres como José Almosmino, que se tornaria rabino de Belgrado, e Moisés ben Habib, futuro rabino de Jerusalém.

Logo, porém, começou a ser conhecido pelos seus longos períodos de mutismo e por suas freqüentes visitas aos túmulos de rabinos, onde dizia ouvir suas vozes prestando-lhe homenagens.

É provável que, numa das vezes em que Natan foi a Jerusalém, na *hesger* de Jacó Hagiz, criador e criatura se encontraram, o profeta e seu Messias, mas esse encontro não parece ter sido relevante para nenhum dos dois.

O início de tudo dar-se-ia mais de um ano depois, quando se encontraram em Gaza.

Abraão Natã Asquenaze, ou simplesmente Natan de Gaza, afirmava ter tido várias revelações, entre elas conversara com um anjo enviado pelo Senhor que lhe comunicou estar a Idade Messiânica a ponto de irromper. Natan, tomado de espanto, pôde então ver o nome de Sabatai Tzvi escrito no Trono da Glória, como descreveu posteriormente em sua obra *O Livro da Criação*.

Dizia mais: encontrara um antigo manuscrito em que o nome Sabatai Tzvi aparecia como o Messias.

Sabatai procurou Natan em busca de uma cura cabalística (um *tikun*) para sua perturbação mental e este, como diria Camões, no lugar de Rachel lhe deu Lia: Natan convenceu-o de que seu destino era de fato messiânico. Fê-lo acreditar que ele, Sabatai, era uma reencarnação do rei David, enquanto o próprio Natan fazia divulgar a idéia de que era a reencarnação de Isaac Luria.

O circo estava armado.

Natan moldou-o ao desejo da esperança judaica nos anos negros que se seguiam à grande catástrofe da perseguição de Khmenitsky, orientou-o, ensinou-lhe seu pensamento teológico, tentou

Natã de Gaza, desenhado por um artista anônimo em Esmirna, 1667.

protegê-lo – dos outros e de si mesmo – o quanto pôde, e foi seu maior divulgador.

Passaram apenas três semanas juntos em Gaza, mas foi o suficiente para Sabatai, convencido por Natan, proclamar-se o Messias e partir com cerca de quarenta de seus seguidores para Jerusalém.

Natan ficou para trás, em Gaza, teólogo e ideólogo do sabataísmo, incumbido de divulgar a notícia de que o Messias chegara, e fazendo com que seus escritos servissem de base para os seguidores de Sabatai.

Natan elaborou suas idéias em cartas, pronunciamentos públicos e livros, especialmente em *Zemir Aritzi'm* – que poderia ser traduzido como *Superando as Forças Inimigas* – e no *Tratado sobre os Dragões*.

A caminho de Jerusalém para oferecer um sacrifício na Mesquita de Omar, que ocupava o local do antigo templo, Sabatai e seus "loucos", como foram chamados pelos rabinos da cidade, começam a provocar o pânico na população judaica, temerosa de enfurecer os turcos.

Ocorre, porém, algo desconhecido, e ele desiste quase às portas da cidade.

Blasfêmias por todos os lados, dizem os rabinos de Jerusalém, que pedem sua imediata excomunhão ao grão rabino de Constantinopla.

Sabatai é rapidamente excomungado e estimula-se, à boca pequena, que o matem.

Mas, apesar de tudo, seu séquito cresce, mesmo entre rabinos importantes de Jerusalém, em Damasco, Safed, Alepo e por onde passasse a caminho de sua cidade, a cidade que esperava, agora, que o recebesse como o Messias, como seu filho dileto.

Exercícios penitenciais dos sabataístas em Salônica.

Simultaneamente ocorria o mesmo em Gaza, onde, para ver Natan e receber um *tikun* do profeta do Messias, multidões dormiam nas ruas e por toda parte da cidade.

Não é de se admirar que, a partir desse barulho todo e dos pronunciamentos de Natan, os turcos logo se alarmassem. Dizendo ter ouvido a revelação do Espírito Santo, Natan afirma sem medo aparente:

Dentro de um ano e alguns meses, Shabtai Tzvi tomará o reinado do governante da Turquia, sem guerra, por meio apenas de cânticos e hinos e pelo louvor e gratidão a Deus, Bendito seja, e o governante turco se colocará nas mãos de Shabtai e o seguirá com seus servos por todo o reino, e entregará tudo a Shabtai Tzvi (Scholem, 1973).

Outra das declarações de Natan não poderia ser mais explosiva:

Depois que Shabtai humilhar todos os reis da Terra, o Templo reconstruído nas alturas, descerá em Israel. E então com Shabtai Tzvi e Moisés, nosso mestre, os judeus do outro lado do Sambation virão até Jerusalém em grande glória, e não haverá mais que sete mil judeus na terra de Israel que tenham permanecido firmes em sua fé durante todas as grandes e terríveis provações.

Notícias de Sabatai e de seus milagres chegavam à Inglaterra, Escócia, Países Baixos, Alemanha, Itália, e mesmo nas Antilhas e em Boston fazia-se referência a notícias vindas da Palestina. Comentava-se, com um misto de entusiasmo e descrédito, que um judeu, dizendo-se o Messias, teria conseguido juntar as doze Tribos Perdidas de Israel, e que essas marchavam com seus exércitos para libertar Jerusalém dos turcos.

A febre máxima do movimento messiânico foi atingida em 1665, quando rumores por todo o Império davam conta de que Sabatai derrubaria o sultão com seus poderes.

Os turcos não podiam tolerar mais.

O Grão-Vizir otomano Ashmed Koprulu mandou prendê-lo, com grande apoio dos opositores judeus de Sabatai.

Ao contrário, porém, do que se imaginava, em vez de matá-lo, instalou-o numa verdadeira gaiola dourada, uma prisão com conforto e certos luxos, primeiro em Constantinopla e depois em Gallipoli.

A cidade que seria futuramente, no início do século xx, sede de uma das mais importantes batalhas de todos os tempos, logo se tornou centro de peregrinação dos seguidores do "Messias".

A agitação levou as autoridades a transferi-lo para Edirne, onde, em setembro de 1666, é colocado numa situação limite: ou se converte ao Islã ou morre.

Para surpresa gera, Sabatai se converte.

A escolha da conversão trouxe um enorme desapontamento e profunda decepção a todo o mundo judaico, em particular entre os sefarditas, levando a grande maioria das autoridades rabínicas a renunciar ao falso Messias e retornar ao seu culto tradicional.

Outros tantos porém, como Abraham Rovigo e Samuel Primo, dois dos mais destacados rabinos da época, foram exemplos de sabataístas que, apesar de tudo, mantiveram em sigilo suas convicções e práticas.

Sabatai morreu em 1676, na cidade de Dulcino, na Albânia de então, hoje cidade de Ulcinj, para onde foi enviado em completo segredo pelos turcos, para evitar qualquer comoção entre os judeus (Scholem, 1973).

Quando Sabatai se converteu ao Islamismo, Natan justificou

esse ato de apostasia como uma necessidade do Messias de descer às profundezas do mal.

Após a morte de Sabatai, Natan recolheu-se para meditar e orar, morrendo na pobreza, por volta do ano 1680, em Skopje, na Macedônia.

5. A Guerra da Independência da Grécia

Quando nas primeiras horas da terça-feira, 29 de maio de 1453, à frente de um exército turco de aproximadamente cento e cinqüenta mil homens, o sultão Maomé II empreendeu o ataque final à Constantinopla, capital do Império Bizantino, as igrejas todas repicaram seus sinos e abriram suas portas aos habitantes aterrorizados.

Após desesperada resistência, Constantinopla foi tomada.

Era impossível resistir e, desde o início, sabia-se estar a luta perdida.

A força que sitiava Constantinopla era provavelmente o mais poderoso exército do século XV. Além dos soldados turcos regulares, disciplinados, experientes, muito bem equipados e motivados pelo fervor religioso, havia um contingente de tropas irregulares, aventureiros de vários países cristãos: alemães, italianos, húngaros, eslavos e mesmo gregos, motivados pela perspectiva do butim.

Entre todos os mercenários, talvez o mais importante fosse um húngaro de nome Urbano que, tendo oferecido seus serviços primeiro aos gregos – que não tinham como lhe pagar a fortuna que pedia pelos seus préstimos –, recebeu de Maomé II a confirmação de que pagaria o que pedisse. Urbano construiu o que prometera: canhões com potência suficiente para destruir os muros da cidadela bizantina.

Mas a nata das tropas turcas, seus mais ferozes e melhores guerreiros, era constituída pelos cerca de doze mil soldados janízaros (do turco Yeni Tceri, 'Nova Força'). Os janízaros constituiam a elite das tropas do sultão: cristãos de nascimento que, após captura, rapto, ou pelo pagamento da *devshirme* (taxa de crianças), tinham sido educados desde a infância como muçulmanos. Criados para serem filhos do sultão, percebiam seu regimento como sua única família e, para perpetuar essa cruel maquinaria, eram proibidos de casar.

Ironicamente, nos anos que se seguiriam, milhares de outras crianças gregas passariam sua vida lutando contra cristãos, com extremo fanatismo e crueldade.

O *devshirme* foi um dos pontos mais explorados no século XIX pelo filo-helenistas de toda a Europa, exemplificando a crueldade turca e solicitando apoio para a causa de independência da Grécia.

Foram exatamente os janízaros os primeiros a entrar em Constantinopla. Imediatamente as igrejas, bem como as casas, foram pilhadas e seus habitantes mortos, totrturados e tornados escravos.

Os janízaros primeiro, e depois toda a soldadesca, deram vazão à sua fúria, levando as ruas e praças da cidade, já em poucas horas, a exibirem pilhas de cadáveres, alguns horrendamente mutilados. Algumas monjas, para não serem estupradas e depois mortas, afogaram-se nos poços dos conventos, outras atiraram-se das janelas ou envenenaram-se.

Pouco depois invadiram as bibliotecas, depredando o imenso patrimônio de documentos e livros: dezenas de milhares de volumes foram atirados ao mar ou queimados (Montanelli & Gervaso, 1967).

Naquela tarde, o sultão Maomé II, a partir de então conhecido como El Fatih (O Conquistador), com apenas 21 anos, sobe ao altar de Ágia Sophía (Santa Sofia) e, fascinado pela beleza e riqueza da igreja, embora já completamente saqueada pela suas tropas, proclama que Alá é o único Deus e ordena sua transformação em uma mesquita.

Paradoxalmente, a futura guerra de independência da Grécia começa aqui, quase quatrocentos anos antes de seu início, quando o jovem Maomé – talvez em função de ter sangue grego nas veias, uma amada madrasta grega e ser grande admirador da cultura bizantina – não destrói a Igreja Ortodoxa.

Mais do que isso. Como o ofício de Patriarca estivesse vago no momento, nomeia para o cargo o eminente e respeitado teólogo Georgios Yennádhios (ou Genádios). Nos primeiros dias de janeiro de 1454, Yennádhios recebeu das mãos de Maomé II as insígnias de seu cargo: um traje comprido, o bastão e a cruz peitoral. Depois da cerimônia, montado em um cavalo branco presenteado pelo sultão, dirigiu-se à Igreja dos Santos Apóstolos, onde foi coroado metropolita de Heracléia, para depois conduzir uma longa procissão pelas ruas da cidade.

A escolha de Yennádhios trouxe uma outra vantagem adicional.

Contrário a qualquer idéia de aproximação com a igreja de Roma, Yennádhios manteve a singularidade que tornaria a Igreja Ortodoxa a mantenedora da língua grega e do sentimento de identidade dos gregos ao longo dos quase quatro séculos de ocupação turca.

Esse sentimento de ortodoxia era tão forte, que catorze anos antes, quando o Imperador bizantino Yoannis VIII Paleololos, para enfrentar a invasão otomana, viu-se tentado a buscar uma união religiosa política e militar com as potências católicas do Ocidente, tornou-se profundamente impopular entre os gregos. Um antigo historiador descreve a força do sentimento anti-unionista entre os gregos:

> Se, na última hora, um anjo aparecesse aos bizantinos e dissesse a eles: "Admitam a união das duas Igrejas e eu destruirei seus inimigos", os gregos não o ouviriam e prefeririam a opressão dos otomanos, tais as profundas marcas que o cisma deixara (Brewer, 2001).

E não apenas o cisma: não era possível esquecer que, em 1204, Constantinopla fora capturada e selvagemente saqueada, não por muçulmanos, mas pelos soldados cristãos da IV Cruzada, retornando para o cristianismo ortodoxo apenas meio século depois.

A queda de Constantinopla também levou uma série de filósofos e literatos gregos para a Itália, onde promoveram grande interesse pela Antigüidade grega durante o Renascimento Italiano, como Theodoros Gaza, Demetrius Chalcondylas – que traduziram e ensinaram Platão, Aristóteles, Teofrasto e Hipócrates – além de Manuel Chrysolaras, Theodoro Paleologus, Gemistos Plethon e outros (Cordás, 2002), aumentando a admiração pelo conhecimento oriundo da Grécia e fazendo crescer o ainda muito incipiente filo-helenismo.

Quase quatrocentos anos de domínio depois, a lenda diz que, em 25 de março de 1821, o bispo Georgios Yermanós, bispo de Patras (a noroeste do Peloponeso e hoje a terceira cidade em importância do país), após passar a noite em oração, hasteia a bandeira grega no monastério de Ayia Lavra em Kalavrita (no golfo de Corintho) e conclama o povo à luta pela independência.

Teria sido dito que o dia 25 de março, dia em que o Arcanjo Gabriel anunciou a Maria que ela estava grávida, representou o toque místico que fez o bispo Yermanós, durante aquela madrugada, perceber que a idéia da liberdade estava fértil e que lhe cabia o papel da anunciação.

Todo povo, em suas lendas, tem uma versão não mais do que romântica a respeito de um momento histórico importante (em que ninguém acredita, mas que passa de geração a geração), e esta estava bem ao gosto da religiosidade dos gregos.

De certo, as idéias e tentativas de insurreição eram bem mais antigas, mas o impulso maior se deu a partir de 1814, quando foi fundada a Philiki Eteria (Sociedade de Amigos), uma sociedade secreta com o objetivo de lutar pela independência da Grécia. A Philiki Eteria baseava sua constituição nas lojas maçônicas do século XVIII, a exemplo de outros movimentos de independência como os Carbonari na Itália, os Tugendbund na Alemanha e os Philomatianis na Polônia.

A Philiki Eteria espalhou sua influência por quase todo o país, entre as mais diferentes camadas da sociedade (soldados, intelectuais, comerciantes, agricultores), conferindo um novo sentido à palavra *patridha* (pátria). Não mais cidade onde se nasceu, ou região, mas um sentimento comum de Nação.

Talvez apenas pouco mais de um século depois, durante a Guerra Civil Espanhola, possa ser encontrado um contraste tão grande entre a reação gelada por parte dos governos centrais e um envolvimento apaixonado de voluntários de diferentes países da Europa por um movimento (Brewer, 2001).

Em Nauplion, um movimento na Igreja Católica local exibe

os 274 nomes de filo-helenos que morreram durante a Guerra da Independência, cerca de cem alemães, uns quarenta franceses e outros tantos italianos, alguns ingleses (entre eles Lord Byron) e um punhado de espanhóis, húngaros, suecos, dinamarqueses e um solitário português (Brewer, 2001).

O longo e sangrento caminho para a Independência grega, porém, não é escopo desse livro. Quem sabe, de outro...

Com a Guerra de Independência da Grécia, ocorrem as primeiras perseguições aos judeus, por apoiarem e ocuparem, muitas vezes, altos cargos na hierarquia muçulmana. Particularmente nas regiões que, como Patras, Kalamata e Trípolis, iam conseguindo a liberdade do jugo turco, os judeus passam a deslocar-se cada vez mais para o norte, acompanhando o recuo turco.

As comunidades judaicas em Patras e Kalamata (no Pelopónnisos) foram dizimadas ou houve poucos sobreviventes, que se estabeleceram em Chalkis e Volos, ainda sob domínio turco.

A comunidade judaica em Patras só foi refeita em 1905.

Uma divisão interna entre os judeus, alguns identificados com a causa da independência (como as famílias Crispi e Cohen, de Chalkis) e outros aliados do governo turco, contrasta com o apoio maciço à insurreição dos judeus fora da Grécia.

O filo-helenismo, espalhado pela Europa, encontrou apoio em grandes nomes das colônias judaicas disseminadas pelo continente europeu, como o jornalista Georges Lafitte em Paris, o Rabino Sri Lipman em Florença e o Rabino chefe da Westphalia (Alemanha). As casas bancárias Rothschild em Londres, Paris, Viena e Nápoles também ofereceram aos revoltosos importante suporte econômico, através de um empréstimo, em julho de 1833.

Documentos que me foram gentilmente oferecidos por Melanie Aspey, do Banco Rothschild em Londres, descrevem o processo em que o novo rei da Grécia, Otto da Baviera, consegue para o novo país um empréstimo de 2,4 milhões de libras, com juros de 5% (em condições, diga-se de passagem, impagáveis), com a garantia da Inglaterra, França e Rússia. Uma compensação de 550 mil libras foi paga ao governo turco pela perda dos territórios que passaram a constituir a nova Grécia (Gille, 1965).

6. Thessaloniki e o Século XIX

No começo do século XIX, a cidade era uma curiosa divisão de etnias em atividades profissionais quase totalmente setorizadas. Os servidores públicos e os oficiais do exército eram turcos, os comerciantes e fabricantes de iogurte e *halewi* eram albaneses, os búlgaros predominantemente agricultores e fazendeiros, e os gregos ocupavam quase todas as profissões – garçons, pequenos comerciantes, médicos, professores, artesãos, cozinheiros, padeiros –, e, por fim, os ciganos eram ferreiros e funileiros.

Entre os judeus, conquanto alguns poucos fossem homens de negócio e industriais, uma grande parcela trabalhava no porto, em serviços aduaneiros e como estivadores. Essa presença era tão marcante, que o porto de Thessaloniki não funcionava no Shabbath e nos feriados religiosos judaicos.

Durante o século XIX, ainda sob domínio turco, a cidade moderniza-se, e a população judaica cresce muito, chegando a ter mais de cinqüenta sinagogas, vinte escolas judaicas, livrarias e jornais sefardis.

O primeiro jornal sefardi, o *El Lunar*, entra em circulação em

1864; e logo seguiram-se os *La Época, La Imparcial, La Liberte, Opinion, L'Independent, La Nación, El Avenir, Renacencia Judia, La Esperança, Pro Israel* e outros.

Figura freqüente nos jornais e rodas literárias, o tessalonicense Jacob Jona tornou-se famoso em todo o mundo sefardi com seus poemas, canções satirizando personalidades do dia-a-dia, bem como colecionando anedotas, provérbios, canções de amor e contos (Biale, 2002).

Os incêndios, comuns em cidades então basicamente construídas em madeira, destruíram partes de Thessaloniki (em 1890, 1896 e 1898) e de certa forma impuseram uma modernização e reurbanização.

Na virada do século XIX para o século XX, a chegada do progresso parece rápida: a cidade tem os primeiros automóveis, o início da luz elétrica e da água corrente e, em 1892, a construção da estrada de ferro Thessaloniki-Constantinopla.

Estabelece-se o primeiro grande complexo industrial, comandado pelo judeu italiano Allatini (a marca de um dos melhores biscoitos da Grécia ainda hoje) e funda-se o Banco de Salônica, em 1886.

Com a instalação, em 1879, da Alliance Israelite Universelle – já presente em outros países da Europa ocidental – a educação se sofistica.

Em 1880, com o início do teatro, a vida cultural expande-se, com peças encenadas principalmente em judeo-espanhol, mas também em grego e em turco. Inicialmente amador ou semiprofissional – e enfrentando as ferozes críticas do rabinato conservador –, rapidamente, porém, o teatro se transforma em uma evidência e ao mesmo tempo em um instrumento de modernização e ocidentalização da sociedade judaica, particularmente entre os mais jovens.

Em 1882 encena-se *El Tyempo*, uma adaptação de *Esther*, de Racine, e em 1884 é a vez de *O Avarento*, de Moliére, e, entre 1903 e 1904, da ópera *La Bohème*. Cada vez mais, deixam-se de lado textos bíblicos ortodoxos para encenar textos de apelo político e social, para crescente desespero dos mais religiosos.

Já no início do século xx, cada facção política montará suas peças como forma de proselitismo, como o fez a Federação Socialista Judaica e a Federação Sionista de Thessaloniki.

A literatura rabínica torna-se mais anêmica e uma série de novelas ocidentais, basicamente francesas, como *Manon Lescaut* do Abbé Prevost, eram traduzidas para o ladino e adaptadas.

Essas obras traziam na capa, junto ao título, o que havia sido feito do original: "imitado, adaptado, resumido" (o que, pelo jeito, torna direitos autorais um mero detalhe desprezível).

Esse florescimento das artes com temas seculares e da imprensa está ligado de forma indissolúvel à Hascala, o Iluminismo judaico, movimento que ajudou a transpor o círculo fechado em que se encontravam, promovendo o encontro com a cultura ocidental. O movimento nascera, no final do século xviii, simultaneamente na Itália, Alemanha e Holanda, e estendeu-se até a Rússia nos séculos xix e xx (Nar, 1999).

Embora muitos séculos antes, em seu *Guia para os Perplexos*, Maimônides colocasse a possibilidade de que o conhecimento secular, o uso da razão, pudesse complementar os ensinamentos da Torá, isso não convencia a maior parte dos judeus.

Agora, porém, novos ventos sopravam e, para muitos dos judeus de Thessaloniki, não parecia possível passar o dia todo em contato com gregos, turcos, armênios, italianos, franceses, depois voltar para casa e, como diz Johnson, "dar as costas ao mundo fora da Torá no momento em que regressavam ao gueto" (Johnson, 1995).

Trata-se igualmente de um período de importante agitação política.

O movimento Sionista é fundado em 1908 e cria o clube Bnei Zion e a Associação Atlética Macabi.

Em 1909, a classe trabalhadora de Thessaloniki funda a Federação Socialista de Trabalhadores, ou simplesmente Federación, sendo, no mesmo ano em que foi fundada, reconhecida pela Segunda Internacional. A forte coesão entre os trabalhadores, o alto nível educacional, o aumento dos salários provocado pelo grande desenvolvimento da indústria de tabaco, e o papel central da cidade servindo de ponte entre as idéias do Ocidente e o Império Otomano criaram as condições favoráveis para um forte movimento proletário socialista.

A qualquer momento do dia, uma greve dos estivadores imediatamente paralisava as atividades portuárias e, para não deixá-los sós, numa solidariedade em cascata, paravam os telegrafistas, os operários da indústria de tabaco, os alfaiates, os tipógrafos, os padeiros, os carpinteiros, os sapateiros, os oleiros, os trabalhadores da grande usina Allatini, os cento e vinte empregados da *brasserie* Olympos, os confeiteiros do *magasin* Orodi-Back, os empregados do *atelier* Benforado...

Mas o movimento mais espetacular deu-se em 10 de setembro de 1908, quando os garçons, *maîtres* e atendentes em geral dos cafés e restaurantes entraram em greve de repente.

Privada de suas centenas de *brasseries*, cafés, restaurantes, *cabarets*, bares, tabernas, Thessaloniki não era mais a mesma cidade (Dumont, 1992).

Embora formada por muitos gregos não judeus, a maior parte dos membros era recrutada entre trabalhadores de tabaco, tipógrafos, sapateiros e estivadores judeus. O movimento chegou a ter entre sete e oito mil pessoas, e divulgava suas idéias através de três importantes órgãos de imprensa – *Jornal Del Lavorador* (1909-1910), *Solidaridad Ouvrera* (1911-1912) e *Avanti* (1911-1934). No início, o movimento colocou-se contra o Sionismo, na medida em que defendiam a impossibilidade de o socialismo judaico concordar com a postura contrária à internacionalização pregada pelo movimento sionista.

Em 1918, a Federación se uniu a outras organizações de esquerda na fundação do Partido dos Trabalhadores Socialistas da Grécia e do Partido Comunista Grego. O grande líder socialista, e fundador da Federação, foi um judeu grego, Avraam Benaroya, advogado, tipógrafo, professor de escola, *mangas* (ver o capítulo 10, sobre *rebetiko*), freqüentador da noite, fluente em seis línguas.

Descrito como sempre inquieto, com um *komboloi* (uma espécie de rosário de uso não religioso) brincando entre os dedos e explicando a todos os primeiro passos de um socialismo que aprendera durante seus estudos na Bulgária, Benaroya começou suas tertúlias com pouco mais de trinta pessoas num restaurante albanês da rua Egnatia.

Menos de 2 anos depois, no dia 1º de maio de 1909, os thessalonicenses assistiram surpresos à primeira manifestação operária da história da cidade, com bandeiras vermelhas, bandeirolas, fanfarras e milhares de militantes: búlgaros, gregos, turcos, albaneses e muitos judeus comandados por Benaroya.

O símbolo da Federation, uma mão operária segurando um martelo, espalha-se pela cidade, nas páginas do *Jornal do Laborador*, aliás *Efimeris tou Ergatou* (em grego), aliás *Amele Gazetesi* (em turco), aliás *Rabotniceski Vestnik* (em búlgaro), publicação quadrilíngüe que circulava na cidade.

O trabalho e o otimismo dos dirigentes da Federation – comandados por Benaroya e ladeados por Alberto Arditti, Abraham Hasson, David Recanati, Joseph Hazan, Saul Nahum (da comunidade judaica), por I. Grazis (grego), e Rasim Hikmet (turco) – logo conhecem uma forte reação do governo muçulmano (Dumont, 1992).

A partir de 3 de junho de 1909, quando Benaroya é preso e condenado ao exílio sem qualquer julgamento, o movimento nunca mais será o mesmo.

7. Surge a Grécia Moderna

D. Pedro I, o do grito do Ipiranga, rei da Grécia?
Quase.
Quem dirigiria o país após quase quatrocentos anos de um poder externo?
Quem, se o Patriarca de Constantinopla, Gregório V, a maior autoridade grega, aos oitenta anos, foi enforcado pelos turcos à porta da catedral, no domingo de Páscoa, em 10 de abril de 1821?
Aparentemente o mito do poder divino concedido aos reis impedia que qualquer plebeu grego tomasse da coroa e se proclamasse rei do novo reino, bem como, para dar legitimidade ao novo país, era necessária uma casa real que fosse reconhecida e respeitada pelas outras monarquias européias.
O jeito foi mandar emissários às diferentes casas reais da Europa e convidar alguns possíveis príncipes sem reino, falassem a língua que fosse.
Em 16 de abril de 1822, sem saber do massacre que se passava em Chios, onde uma expedição punitiva turca comandada por Kara Ali mata vinte e três mil habitantes e vende como escravos

os outros cinqüenta mil da ilha (massacre imortalizado por Delacroix em *Scénes des Massacres de Scio*), um emissário grego – capitão Chiefala Greco (como tantos outros Gregos, grego do sul da Itália) – solicita uma audiência ao rei de Portugal.

A D. João vi, oferece a coroa de soberano da Grécia, caso houvesse o interesse da casa de Bragança (Costa, 1996).

A chegada desse convite caía como uma benção sobre as cortes de Lisboa, preocupadas com as desobediências repetidas do príncipe-regente. A coroa da Grécia para D. Pedro poderia pôr fim ao iminente risco de perda da colônia ultramarina. Assim, imediatamente, as duas cartas do emissário grego foram mandadas para o Brasil.

Pouco se sabe das razões alegadas por D. Pedro para a recusa.

A partir daí, pensar o que poderia ter acontecido entre Brasil, Portugal e Grécia caso o convite fosse aceito é um exercício inútil, mas – pelo menos para mim – divertido.

Voltemos ao factual.

O príncipe Otto da Baviera, por fim, aceita o convite e, durante o seu reinado, ocorre a penúltima imigração judaica.

Junto com Otto I da Baviera, que chega a Atenas em 1834, estabelece-se um homem que seria fundamental para organizar as minguadas reservas do novo reino. Seu nome? Max Rothschild, provavelmente o primeiro judeu a chegar à nova capital.

Com ele, outros judeus asquenazes da Bavária vieram para a cidade, onde se estabeleceram e constituíam, já na metade do século xix, uma comunidade muito bem organizada e requintada.

O velho Max Rothschild, além de sua eficácia financeira no auxílio do jovem Rei, também se tornou famoso pela insistência com que pediu ao primeiro-ministro grego Kolettis – e em 1847 a obteve – a proibição da prática de malhar o Judas durante a Páscoa ortodoxa, alegando que essa festa tinha raízes anti-semitas.

UM DAVI NADA PACÍFICO

David Pacífico era um judeu português de Gibraltar, a quem D. Maria II havia nomeado Cônsul, em recompensa a várias contribuições materiais e pessoais que fizera a Portugal, e por seus bens terem sido confiscados por Dom Miguel.

Anos mais tarde, David Pacífico, mais conhecido como Dom Pacífico pelos seus hábitos aristocráticos afetados, foi protagonista de um episódio que quase levou à invasão da Grécia pela Inglaterra e conseqüente reação violenta da França e da Rússia, e que, por pouco, não levou a um conflito de grandes proporções.

Em função de uma série de negócios escusos, foi destituído de seu cargo consular em janeiro de 1842, mas continuou morando em Atenas e declarava-se um modesto comerciante.

Pelas suas atividades sempre consideradas no limite da desonestidade e da trapaça, Dom Pacífico era uma pessoa odiada por boa parte da população.

Quando, a pedido de Rothschild, a malhação de Judas na Páscoa foi proibida, a população imediatamente elegeu seu novo Judas e marchou contra a casa de Pacífico queimando-a.

Dom Pacífico pediu a então astronômica soma de 26 618 libras, para compensar a perda não só de sua casa, mas também a de alegados "documentos" que provariam uma suposta dívida que o governo português tinha para com ele.

Como o governo grego, dado os seus antecedentes, não o levasse muito a sério, Pacífico apelou para o fato de ser súdito britânico – por ter nascido em Gibraltar – e pediu ajuda a Lorde Palmerston, Secretario dos Negócios Externos.

Aproveitando a situação para obter subsídios políticos, em janeiro de 1850, Palmerston, em uma atitude demagógica e imperialista, enviou uma frota de guerra ao porto de Pireus (Pireu), bloqueou a cidade e ameaçou bombardeá-la, exigindo que seu súdito fosse rapidamente indenizado.

França e Rússia, em protesto, retiraram seus embaixadores de Londres, mas Pacífico conseguiu uma parte do valor pedido e partiu sorridente para Londres, onde passou o resto de seus dias vivendo como um nababo.

THESSALONIKI VOLTA A TOCAR *BOUZOUKI*

Em 26 de outubro de 1912, após quase cinco séculos, Thessaloniki torna-se grega novamente.

A Grécia, formalmente independente desde 1830, até aquele momento possuía pequenas comunidades judaicas, estando em Atenas a de maior destaque, mas nada comparável ao contingente judaico que agora era anexado. Segundo o censo grego oficial de 1913, a cidade contava com 157 889 habitantes, incluindo 61 439 judeus (que responderam ao censo segundo sua religião), 39 956 gregos, 45 867 turcos, 6 263 búlgaros e 4 364 estrangeiros (Moutsopoulos, 1981).

Os líderes da comunidade judaica foram imediatamente recebidos pelo rei George I e pelo primeiro-ministro Eleftherios Venizelos, que prometeram respeitar todos os direitos da sua comunidade e garantiram completa igualdade ao olhos da lei.

Apesar desse movimento visando a uma maior assimilação, surgem ressentimentos de ambos os lados.

Por um lado, o dos gregos, que sentiram os judeus como indiferentes à causa grega e, no mais das vezes, colaboradores e aliados dos turcos. Isso levou a sentimentos anti-semitas e tentativas forçadas de helenização, na medida em que uma parte da comunidade judaica de Thessaloniki comportava-se como um Estado independente dentro do Estado. Inclusive buscando apoio em diferentes organismos internacionais e nos governos das grandes potências, a fim de obter um futuro não grego para a cidade, fosse através da manutenção do domínio turco ou, até, de uma internacionalização, tornando-a um porto livre (Benbassa & Rodrigue, 1995).

Do outro lado, o dos judeus, que estavam satisfeitos e razoavelmente seguros com o tratamento recebido durante o Império Otomano e prefeririam que tudo continuasse como estava.

AS DECLARAÇÕES POLITIS E BALFOUR

Em 1917, representando o desejo do primeiro-ministro Eleftherios Venizelos, o ministro das Relações Exteriores da Grécia, Nikolaos Politis, pronunciou-se favorável à criação de um Estado judeu na Palestina.

Esse pronunciamento ocorreu quatro meses antes da histórica declaração de 2 de novembro, do ministro britânico das Relações Exteriores, lorde Arthur J. Balfour – conhecida como Declaração Balfour –, sugerindo um lar nacional judeu na Palestina, contanto que isso não prejudicasse os direitos civis e religiosos de outros habitantes do país (Hourani, 1994).

A declaração grega, obviamente, teve menor importância, mas parecia mais autêntica que a inglesa, que levou quase cinco meses para ficar pronta, tal o desejo de não ofender os árabes e, ao mesmo tempo, oferecer aos financiadores judeus, em particular aos Rothschild, não mais do que um agrado pelo esforço bélico anglo-francês.

De qualquer forma, se o Estado de Israel de fato surgisse na Palestina, era claro que o aspecto filantrópico era menor do que o desejo de instalar no local um aliado fiel aos interesses britânicos e economicamente dependente deles (Solar, 2003).

Mas, voltemos à declaração de Politis.

Um Estado independente para quê? Perguntaram-se muitos dos membros da maior e mais próspera comunidade judaico-sefardi da Europa, em Thessaloniki, que não imigraram e, apesar das dificuldades de assimilação, continuavam considerando a nova Grécia um lugar mais seguro para viver.

Afinal, até o começo da Segunda Guerra, os judeus continuariam ocupando cargos em todas as camadas sociais, desde estivadores, operários, agricultores, pequenos comerciantes, advogados, médicos, escritores, poetas. E sentiam-se tão em casa, que boa parte deles não tinha qualquer razão para pensar na terra prometida.

Os anos que se seguiram, porém, não foram de fácil convivência, com intolerâncias acirrando-se de ambos os lados, agravadas pela chegada das populações pobres expulsas da Turquia. Do lado grego, com Venizelos tentando governar o país modernizando-o, tentando romper privilégios e integrar no mercado de trabalho a enorme população refugiada (por vezes às custas de uma helenização forçada); do outro, uma parcela da população judaica da cidade tentando impedir as medidas que julgavam lesivas aos seus interesses comerciais, inclusive boicotando as primeiras eleições republicanas de 1923 (Benbassa & Rodrigue, 1995).

Gloria Sananes Stein, ao contar – em *Marguerite: Journey of a Sephardic Woman* – a longa saga de sua família (expulsa da Espanha e vivendo em Thessaloniki durante séculos, até emigrar para os Estados Unidos), não consegue deixar escapar esse sentimento de incômodo ao longo de todo o livro, entre outros detalhes, tratando Thessaloniki, denominação grega, o tempo todo por Salônica, nome antigo da cidade e usado durante o domínio turco.

OS DÖNME

John Reed, o jornalista americano famoso por *Os Dez Dias que Abalaram o Mundo*, esteve em Thessaloniki para cobrir a Primeira Guerra Mundial. Foi quando escreveu *A Guerra dos Bálcãs* e ficou muito impressionado com a grande presença judaica local.

Descreve com alguma surpresa que, apesar de muitas dificuldades, o convívio ainda era muito diferente dos sanguinários *pogroms* perpetrados pelos cossacos, russos e poloneses ao norte.

Reed conta uma conversa com um capitão dos cossacos da Bessarábia que, num tom algo queixoso (mas não muito), algo repreensivo (como um pai que repreende seus garotos por uma pequena traquinagem), fala bem humorado de seu regimento:

– São sujeitos muito impetuosos, nem sempre os oficiais conseguem detê-los. Quando entram numa aldeia onde há judeus... Ah, esses patifes! Quando começam a matar judeus, não há como pará-los!

Outro aspecto que o tomou de surpresa, dado seu desconhecimento histórico do fato, foi a *hispanidad* dos judeus:

Mas todo o centro da cidade é uma grande comunidade de judeus espanhóis expulsos da Espanha por Fernando e Isabel. Eles falam o espanhol do século xv, escrito em caracteres hebraicos, e o idioma da sinagoga é também o espanhol. No entanto, metade deles se converteu ao islamismo há séculos, para agradar aos turcos, seus mestres, e agora que a Turquia se foi, vivem num labirinto de seitas místicas, praticando magia negra e uma mistura de todas as religiões, que está sempre se modificando.

Reed exagerava quando dizia milhares, de certo estava se referindo aos *dönme* ou *doenmeh*, descendentes das famílias conversas nos tempos de Sabatai Tzvi e de outras que se converteram posteriormente.

Uma década antes da morte de Sabatai Tzvi, quando da apostasia, entre duzentas e trezentas famílias, a maioria delas de Thessaloniki, Istambul, Esmirna e Edirne, converteram-se ao islamismo.

Esses "traidores do judaísmo" – apóstatas, *ma'min* ou *dönme* – consideravam-se um grupo especial, escolhidos pelo próprio Messias. Eram perfeitos turcos em sua aparência, no convívio social, tinham nomes turcos e, publicamente, obedeciam as leis islâmicas, mas, em suas casas, demonstravam não ter se convertido à "fé do turbante" e praticavam o judaísmo modificado por Sabatai e por Natan de Gaza, guiados por uma variação dos Dez Mandamentos conhecida por "Dezoito Mandamentos" (Freely, 2001).

Ao longo dos séculos, esse grupo continuou crescendo paulatinamente, através de conversões e imigrações vindas da Polônia e da Alemanha.

Após a morte de Sabatai, o movimento sabataísta teve a cidade de Thessaloniki como sua capital, em função de Ayesha, sua viúva, morar nessa cidade. Ayesha rapidamente anunciou que seu irmão mais novo Jacó Querido era a reencarnação de seu falecido marido.

Cercado de intelectuais como Jose Florentin e Abraão Barzilay, Jacó Querido foi apontado como profeta e, orientadas por ele, cerca de trezentas novas famílias judaicas converteram-se ao islamismo (Freely, 2001).

Uma peregrinação de Jacó Querido a Meca, para assinalar sua conversão, levou seu grupo a um cisma de seus seguidores com os *dönme* originais, por acharem que aquilo já era ir longe demais na heterodoxia.

Os *dönme* originais passaram a ser conhecidos como *kapandasis* ou *ismirli*, de Esmirna, terra de Sabatai; o grupo mais recente recebeu o nome de *jakoblar*.

Em 1700, novo cisma entre os *kapandasis*, com alguns de seus membros se separando da fé original sob a liderança de Baruchian Russo, que se autoproclamou ser a nova reencarnação de Sabatai. Esse grupo recebeu o nome de *karakash*, e era composto basicamente por uma população de classe social inferior à das outras duas seitas, reunindo pequenos artesãos, açougueiros, estivadores e barbeiros.

No início do século XVIII, como todos os barbeiros da cidade eram *karakash*, aplicavam estilos de barba e cabelo diferentes aos seus clientes, de modo que era possível diferenciar claramente a que seita pertencia o freguês.

A proximidade dos *dönme* com os turcos era muito grande, levando-os a aderir ao movimento denominado Jovens Turcos – que buscava modernizar o Império Otomano – e, no primeiro governo dos jovens turcos em 1909, a pertencer ao primeiro escalão.

O futuro líder turco Mustafá Kemal Ataturk ('pai dos turcos'), nascido em Thessaloniki, estudou em uma escola Feyziye fundada pelos *dönme*.

Com a ocupação de Thessaloniki pelo exército grego, em 1912, muitas famílias mudaram-se para Istambul. Mais tarde, após a derrota dos gregos, ocorreu uma segunda migração maciça para a Turquia – em torno de quinze mil *dönme* –, em 1923, durante o intercâmbio de populações entre os dois países determinado pelo Tratado de Lausanne.

OS JUDEUS GREGOS PORTUGUESES. ORA POIS!

No final de 1912 e início de 1913, quando Thessaloniki passa para as mãos da Grécia, um curioso episódio envolvendo cerca de quatrocentas famílias judias e o governo de Portugal é contado por Manuela Franco, diplomata e atualmente investigadora (pesquisadora) do Instituto de Ciências Sociais de Lisboa (Franco, 1999, 2002).

Tudo começa quando Portugal envia o jornalista e escritor Alfredo de Mesquita como embaixador junto à Turquia, em 16 de outubro de 1911.

Havia, em Lisboa, um clima de profunda simpatia pela Turquia combalida e decadente: a antiga e igualmente decadente condição de império colonial fazia os portugueses olharem para os turcos com afinidade e identificação.

E não apenas simpatia pelo passado, mas também pelo movimento revolucionário que buscava modernizar a Turquia, o chamado movimento dos Jovens Turcos, em função de jovens oficiais republicanos portugueses também tentarem buscar modernizar o país.

Alfredo Mesquita instalou-se em Constantinopla (Istambul), no antigo bairro de Pera, e imediatamente iniciou contato com os cerca de quarenta portugueses que habitavam a cidade, para ampliar as possibilidades de comércio português na região, algo escasso na época.

Rapidamente, Mesquita percebe que um dos principais pontos da região é o porto de Thessaloniki, de onde acompanha com curiosidade os jornais da comunidade sefardi e a entusiasmada repercussão do projeto aprovado, em junho de 1912, pela Câmara dos Deputados de Lisboa, para conceder terrenos em Angola a imigrantes "israelitas" (israelita tinha, então, um significado apenas religioso), desde que se naturalizassem portugueses.

Alfredo de Mesquita enviava a Lisboa recortes do *L'Aurore*, de Thessaloniki, que exibiam artigos entusiasmados, concluindo que, após quatro séculos de expulsão, Espanha e Portugal mostravam-se receptivos aos seus antigos filhos.

A parábola do filho pródigo, rediviva em solo africano, podia ser o nome do vento que soprava do Egeu.

A preocupação com a colonização de Angola e os esforços da International Territorial Organization, que procurava territórios para a colonização judaica, leva à Lei n. 200-F, que autorizava o governo

a fazer concessões de terrenos nos planaltos da província de Angola, inicialmente de 100 a 250ha por chefe de família, aos emigrantes israelitas que se subordinarem às condições desta lei, e nos termos dela se naturalizarem portugueses, bastando, para validar a naturalização, uma declaração perante duas testemunhas, feita no Ministério das Colônias ou na administração do Concelho do porto de desembarque, ficando assim dispensadas as disposições reguladoras da naturalização de estrangeiros.

Em conseqüência da entrada do exército grego em Thessaloniki, entre março e novembro de 1913, foram emitidos certificados provisórios de inscrição consular portuguesa a cerca de quatrocentas famílias judaicas que desejavam eximir-se à soberania helênica.

Com a instabilidade da região prolongando-se com a Primeira Guerra Mundial, somada ao enorme incêndio que devastou à cidade em 1917, e a derrota grega na Guerra de 1922 aumentando as dificuldades econômicas, essas famílias passaram a utilizar-se de sua nova nacionalidade portuguesa e emigrar não apenas para Portugal, mas, predominantemente, para a Itália e a França.

Faziam parte deste grupo membros das seguintes famílias: Angel, Amariglio, Almosnino, Abravanel, Benveniste, Barzilai, Covo, Cohen, Florentin, Levy, Molho, Misrahi, Nahmias, Pardo, Pinho, Segura, Saltiel, Strumza, Toron, Uziel e tantas outras.

Esses novíssimos judeus portugueses constituíram um problema para a diplomacia portuguesa durante a Segunda Guerra, em função da difusão dessas pessoas por vários países ocupados pelos alemães.

Não seria a última vez que Portugal teria um significado marcante na história dos judeus.

Numa carta datada de 1936, Marcello Mathias, funcionário do Ministério dos Negócios Estrangeiros de Portugal, descreve irado porque Lencastre e Menezes, o cônsul honorário de Portugal em Atenas, foi demitido por conceder documentos transformando em cidadãos portugueses judeus fugidos da Alemanha, e considerava ter o cônsul "certo caráter comunista":

Sob o pretexto, nunca objectivamente limitado, da autorização dada pelo Ministério em 1913 para a matrícula provisória dos israelitas do Próximo Oriente de ascendência portuguesa, o ex-consul honorário em Atenas, Lencastre e Menezes, começou ilegitimamente concedendo passaportes a alguns judeus expulsos da Alemanha. Criou-se assim, ao lado dos portugueses legalmente documentados, certo número de pseudoportugueses, com documentação a que não tinham direito, mas que a breve trecho, pela interdependência dos postos consulares, se viu ratificada por muitos outros.

Esta situação não tinha, porém, qualquer semelhança com a dos judeus do rito português de Salonica, visto estes terem se beneficiado de uma protecção superiormente autorizada, pacífica, de boa fé e iniciada em 1913, enquanto que os do presente processo constituem casos de simples fraude à lei (Antunes, 2002).

Embora não abertamente anti-semita, a atitude do governo de Salazar foi a de dificultar ao máximo a entrada de refugiados, impondo-lhes inúmeras exigências legais que tornavam a imigração praticamente impossível.

O cônsul honorário de Portugal em Atenas, Lencastre e Menezes, não foi o único a desobedecer a postura oficial. Também o fizeram Aristides de Sousa Mendes, cônsul em Bordeaux, o cônsul em Milão Agnore Magno, e Sampaio Garrido, em Budapeste, e todos foram exemplarmente punidos por isto.

A partir de 1940, essas restrições se tornaram efetivamente intransponíveis, levando, por exemplo, centenas de judeus luxemburgueses, a quem tinha sido recusado o visto em março de 1941, à morte em Treblinka.

A iminente vitória das forças aliadas levou, a partir de 1943, a uma mudança de postura do pragmático Salazar, levando-o a relaxar as exigências e, em 1944, conceder dois grandes passaportes coletivos a grupos de judeus vindos de Thessaloniki e Toulouse.

ESTIVADORES DE THESSALONIKI PARA ISRAEL

Alguns anos depois, uma nova imigração – desta vez o retorno para uma origem ainda mais primitiva – agita a cidade.

No início dos anos 1930, Abba Hushi – líder trabalhista da Palestina e que, posteriormente, tornou-se o prefeito de Haifa – visita Thessaloniki. A viagem de Abba Hushi foi estimulada por judeus gregos que viviam na Palestina e que lhe indicaram os estivadores de Thessaloniki, em função da necessidade de encontrar trabalhadores especializados para o porto recém-construido pelos ingleses em Haifa.

Habba Hushi, de fato, encontrou os melhores trabalhadores de portos do Mediterrâneo e convenceu centenas deles a mudarem-se para Haifa, não apenas pelos salários e condições de trabalho, mas acenando com a idéia nacionalista da construção de Israel.

Entre 1933 e 1934, financiados pelo banco fundado pelos Recanati, judeus gregos de origem italiana, mais de dez mil judeus gregos deixam Thessaloniki para se estabelecer em Haifa e Tel Aviv, onde, a exemplo do que aconteceu em Haifa, tiveram importante participação na abertura do porto em 1936.

Os tessalonicenses imigrados para a Palestina fundaram companhias marítimas de comércio e pesca e, como estivadores, pescadores, marinheiros, agentes de viagem e outras atividades ligadas ao mar, desempenharam importante papel no desenvolvimento da futura nação.

Mas não viveram apenas do longo legado marítimo grego. Em 1937, sob a liderança de Mosheh Kouffinas, líder sionista nascido na cidade grega de Volos, fundaram a fazenda coletiva Zur Mosheh (Pedra de Moisés).

Eleições em Thessaloniki, 1915. O sistema consistia em uma caixa com dois compartimentos: um marcado *nai* (sim) e outro *oxi* (não). Os fiscais ficavam tentando adivinhar em qual dos dois o eleitor tinha depositado seu voto.

8. Joseph Eliyia

Caro Dines,
Por melhor judeu que seja, tenho certeza que você nunca ouviu falar dele.
Joseph Eliyia é, aparentemente, um poeta menor.
Sejamos grego, eu, e judeu, você (isso não nos dará o menor trabalho), e neguemos o aparente e o superficial. Ou, pelo menos, duvidemos dele.
Joseph Eliyia nasceu em 30 de outubro de 1901, em Ioannina, uma cidade pequena dentro de um país pequeno e periférico aos grandes centros europeus, escrevendo em língua grega e, com muita freqüência, sobre temas hebraicos.
Dono de uma personalidade esquiva, extremamente introvertido, sem relações pessoais confidentes, e sem laços amorosos estreitos (para lhe falar a verdade, acho que não se conhece nenhum).
Joseph Eliyia, filho único de uma família judaica humilde, lutou a vida toda contra a pobreza, tendo de "se matar" dando aulas particulares de francês para sobreviver. Sem jamais reconhecer o valor do seu trabalho poético, não foi advogado de sua obra e apenas postumamente foi valorizado de maneira adequada.

Joseph Eliyia – Foto do Jewish Museum of Greece.

Fisicamente – e em alguns aspectos de sua personalidade – parecido com Franz Kafka, mas sem um Max Broder que trouxesse o que escreveu das sombras para a luz, Eliyia recebera no exército o diagnóstico de neurastênico (?!) pela sua aparente fragilidade física e psíquica.

Teve uma vida breve, como convinha a um poeta que mais parecia um romântico do século XIX, e morreu jovem (aos 30 anos), de tifo contraído ao tomar água poluída.

Na época do fato, parecia muito deprimido, o suficiente para que alguns desconfiem que o tenha feito intencionalmente.

Será que ele conhecia Tchaikowsky?

Há pouco tinha se transferido de Atenas para trabalhar como professor numa escola pública na pequena cidade de Kilkis, perto de Thessaloniki, e escrevera poucos dias antes um poema chamado Kilkis, dedicado ao poeta grego Kostas Kariotakis, que havia cometido suicídio em 1929, de quem era admirador (Dalven, 1944).

Traduzi do grego para você os últimos versos:

Sempre o mesmo caminho para a escola,
Sempre carregando consigo
Os mesmos livros,
E sempre, todo dia, perguntando a você mesmo,
No frio reflexo do espelho onde se vê,
"Ser ou não ser".

Por mais fingidor que seja o poeta, o homem andava mal...

Claro – como fui esquecer! – faltava um ingrediente fundamental em se tratando de um menino judeu: uma mãe dominadora, severa, e que usava toda a sua força psíquica para proibi-lo de escrever poesias e obstinar-se em exigir que seguisse o "sólido" caminho do comércio.

Essa nobre atividade, além de lhe dar algum dinheiro – o que an-

dava raro –, melhor ainda, iria afastá-lo da "atividade literária inútil" que o tornava uma avis rara *na colônia judaica, pensava a boa senhora.*

Tudo isto contribuiu para torná-lo um poeta muito pouco conhecido, recluso aos seus poucos amigos e editores em Atenas, mas jamais um poeta menor.

Era um homem inquieto, exaltado sionista na adolescência, quando desafiou seus professores da Aliança Francesa Israelita de Ioannina (favoráveis à assimilação ou, pelo menos, temerosos de afrontar as autoridades gregas), escrevendo um poema comemorando a declaração de Balfour, em novembro de 1917, em favor de um Estado judeu.

Foi expulso e só reintegrado após apelos desesperados de sua mãe, que – contam –, em gritos e choros copiosos, agarrava-se ao portão de entrada da escola bem como ao paletó do diretor.

Concordemos que não havia como esse pobre homem escapar desses apelos desesperados.

Com vinte e poucos anos, torna-se o maior crítico da cidade de Ioaninna contra o autoritarismo dos líderes da comunidade judaica e sua interferência em todos os aspectos do cotidiano.

Iconoclasta, fala com admiração da figura do Cristo e elogia os preceitos cristãos, passa a freqüentar círculos literários gregos, estuda os poetas gregos clássicos e modernos, e torna-se ardoroso defensor dos valores nacionais da Grécia.

Passa a ser odiado pelos líderes da comunidade judaica de Ioannina, que pressionam o diretor da escola onde lecionava a demiti-lo.

Para desespero de sua mãe, convencido de que sua vida na cidade se tornara muito difícil, resolve que é hora de sair desse ambiente pequeno e sufocante e parte para Atenas em 1925.

Passa na capital o melhor período de sua vida, trabalhando como responsável pelos verbetes sobre cultura judaica na Grande Enciclopédia Grega e publicando poesia.

Sua produção poética é escrita em grego e francês, e, embora conhecesse o Talmud melhor que os rabinos da cidade – e traduzisse febrilmente para o grego a literatura idische de Haim Bialik, Solomon Ibn Gebirol, Saul Tchernikoviski, David Frishman, Rabbi Emmanuel Francis, Moses Ibn Ezra e outros –, nunca aprendeu adequadamente o hebraico (Simopoulos, 1954).

Apesar de todas as atividades e elogios dos principais poetas gregos da época, ganhava muito pouco e sobrevivia graças às suas minguadas aulas particulares de francês, mas recusava qualquer idéia materna de retornar à sua casa em Ioannina.

Claro que você adivinha o que aconteceu!

A dedicada senhora mudou-se para Atenas em 1926 e instalou-se com o filho na modesta casa alugada da odos (rua) Nicodimou, para proteger o filho dos perigos da metrópole.

Devo lhe dizer, Alberto, que os riscos mundanos oferecidos pela Atenas dos anos 1930 não eram lá essas coisas. Eliyia encontrou uma capital mais próxima do século XIX do que qualquer outra capital européia. Não apenas uma cidade pobre, mas repleta de doenças endêmicas, como malária, tuberculose, tifo, disenteria e doenças venéreas, já que a miséria – então como hoje – estimula a prostituição e o uso de drogas. Não havia penicilina ou outros antibióticos disponíveis, os hospitais eram poucos e superlotados, e a equipe médica e de enfermagem escassa e impotente diante da maioria das doenças.

Na Grécia toda, apenas Atenas e Thessaloniki possuíam uma rede elétrica razoável, poucas ruas da capital eram pavimentadas ou tinham calçadas, e o sistema de esgotos era precário (Hingham, 1993).

Pecados anêmicos, não?

Já mais no final da sua breve vida e ostentando um aspecto físico algo mais opulento, Joseph Eliyia – mais próximo agora de Balzac do que de Kafka – sentava-se em um kafenion, hábito grego de tomar um café preguiçoso por horas, e escrevia seus poemas.

Quando por fim saía o poema, exclamava sorridente, expressando sua alegria de viver em Atenas apesar do aperto: "Athina ke psomi" (*Atenas e pão*).
Era o que lhe bastava naquele momento.

E foi aí, na cidade que tanto amava, que Joseph Eliyia morreu, em 29 de julho de 1931, três meses antes de completar seu trigésimo aniversario.

Na Grécia de hoje, Joseph Eliyia é considerado um grande poeta, e teve sua obra redescoberta, elogiada pelos maiores poetas gregos modernos, sendo continuamente republicada.

Em sua cidade natal, Ioannina, a rua onde os poucos sobreviventes judeus do Holocausto ainda vivem, teve seu nome mudada para Joseph Eliyia, bem como no Alsos Park, seu principal parque, Ioannina exibe um busto de seu maior poeta.

Christos Chrystovasilis, editor do jornal Eleftheria (Liberdade), de Ioannina, *escreveu sobre o poeta:*

em suas traduções bem como em seus poemas originais, o Parnasso foi abraçado por Zeus, Atenas por Jerusalém, a Grécia pela terra de Cannã e Homero pelo profeta David (Dalven, 1990).

Δε θελω μάτια...
[Dé thélo mátia... – Não Quero Olhos...]
Eu não quero olhos que derramem lavas com seu olhar,
Eu não quero olhos que espalhem trovões e relâmpagos.
Quero pequenos, nobres olhos, olhos de paz,
Que irão borrifar no beijo um toque de encanto.

Eu não quero lábios como amapolas vermelhas
Que brotam orgulhosas em campos aromáticos.

Eu quero pequenos lábios deliciosos, pálidos lábios,
Que irão derramar mel de rosas no beijo.

> Iassou e Shalom
> *Abraços*
> T.A.C.

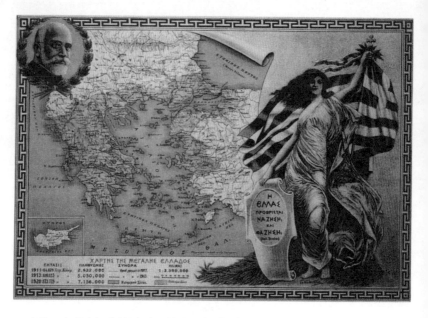

A Grande Grécia de Venizelos. Mapa popular de 1920.

9. Megali Idea

Em primeiro de dezembro de 1922, o jornalista americano Edwin James – escrevendo de Lausanne, na Suíça, para o *New York Times* – começa sua matéria sobre sua conferência que se seguia à guerra greco-turca dizendo:

> Uma página negra da história moderna foi escrita hoje aqui. Ismet Pasha, postado diante dos representantes do mundo civilizado, combina o banimento do território turco de aproximadamente um milhão de cristãos gregos. O governo turco "gentilmente" permitirá mais duas semanas para que esse grande êxodo ocorra.
>
> Os representantes das potências civilizadas aceitaram as determinações turcas e tentaram elaborar formas de tornar viável a saída desses milhares de gregos, antes que tenham o mesmo destino de oitocentos mil armênios que foram massacrados na Anatólia em 1910 e 1917 (James, 1922).

O número de gregos enviados para a Grécia é impreciso: entre 1,2 e 1,5 milhão de pessoas. A mesma imprecisão, pode-se dizer, dos trezentos a quatrocentos e cinqüenta mil muçulmanos gregos que emigraram para a Turquia. A Grécia também recebeu cerca de cem mil armênios que buscavam desesperadamente fugir da morte.

O critério escolhido para definir quem era grego ou turco foi o religioso. Muçulmanos moradores na Grécia há gerações e cristãos ortodoxos turcos que não falavam uma palavra de grego foram obrigados a abandonar tudo, pouco importavam esses "detalhes".

Nunca antes, com apenas um golpe de pena, cerca de dois milhões de pessoas tinham sido deslocadas e repatriadas. Mesmo que o fato fosse encarado como migração voluntária – em vez de intercâmbio compulsório –, não haveria paralelo na história.

Em 1900, no auge da corrida do ouro, o estado americano do Kentucky recebeu vinte e duas mil pessoas, ao passo que para a Califórnia, ao longo de doze anos, foram trezentas e setenta mil. Mesmo as migrações de irlandeses, poloneses e judeus – que demoraram quase 10 anos – levaram 3,5 milhões de pessoas aos Estados Unidos: nada que se comparasse aos quase dois milhões de migrantes em menos de um mês (Chater, 2003).

A DERROTA TURCA NA PRIMEIRA GUERRA MUNDIAL

Curiosamente, essa grande vitória turca em dezembro de 1922 começa anos antes, após sua derrota ao fim da Primeira Guerra Mundial, quando aliada da Alemanha, Império Austro-Húngaro e Bulgária, as chamadas Potências Centrais.

Do outro lado, postam-se as potências vencedoras, a chamada Entente, que incluía a Grã-Bretanha, a Rússia czarista, a França, os Estados Unidos, a Itália, a Grécia, a Romênia e a Sérvia.

Saem de cena os turcos de todos os tipos. Esfacela-se o Império, e surgem a Síria, o Hatay (província que, em 1939, seria devolvida pela França à Turquia). Egito, Mesopotâmia e a Palestina são declarados independentes, os dois primeiros sob influência francesa e os demais debaixo do guarda-chuva dos britânicos.

A Grécia entrou na Primeira Grande Guerra em 1915, quando, após indecisão sobre manter a neutralidade ou entrar ao lado da Entente (os partidários do rei eram em sua maioria germanófilos), o secretário Britânico para Assuntos Exteriores Sir Edward Grey telegrafa para Sir Francis Elliot, embaixador em Atenas, instruindo-o a oferecer "a mais importante compensação territorial na costa da Ásia Menor", em troca da participação grega na guerra ao lado da Entente.

Acrescenta Grey: "Se Venizelos quiser uma promessa definitiva, creio que não haverá dificuldade em obtê-la". Assim, de olho em Esmirna, a Grécia entra na Primeira Guerra e comparece, como vencedor, às conferências do pós-guerra (Smith, 1998).

Eleftherios Venizelos – o sutil cretense representante da Grécia nas negociações –, amparado por uma grande campanha pró-helênica em toda a Europa (que em Londres reunia nomes conservadores como Rudyard Kipling, e liberais como Harold Spencer, Lord Bryce e Ronald Burrows, do King's College), acaba surpreendendo pela habilidade, charme pessoal, tornando-se uma das maiores estrelas do pós-guerra, obtendo seguidas vantagens políticas impensáveis para um pequeno país.

Começando pela Conferência de Paris, imediatamente após a guerra, e nos diferentes tratados que se seguiram definindo as novas fronteiras dos países da Europa (passando pelo tratado de Neuilly e culminando com o Tratado de Sévres, em 10 de agosto de 1920), a Grécia obtém ganhos territoriais na Trácia (embora a Turquia mantivesse Constantinopla, um velho sonho grego) e nas ilhas do mar Egeu.

A cidade de Esmirna (chamada de Izmir pelos turcos), em território turco, permaneceria sob controle militar e administrativo grego, até que um *referendum* dos habitantes da cidade, cinco anos mais tarde, decidisse, ou não, pela anexação final à Grécia. Chegavam aparentemente ao fim os massacres provocados pelos *chettés* turcos (bandos de combatentes irregulares estimulados pelas autoridades centrais) nas comunidades gregas da região oeste da Anatólia (Toynbee, 1970), e os *giaours* (cães infiéis "comedores de iogurte"!) sentiam que poderia chegar um tempo em que fosse possível usar roupas de cores vivas, montar a cavalo, usar selas e fazer o sinal da cruz ortodoxo com três dedos.

Quando Venizelos anuncia em triunfo que a Grécia agora ocupava dois territórios e era tocada por cinco mares, parecia que o velho sonho do movimento nacionalista Megali Idea (Grande Idéia) estava se concretizando. Mas apenas parecia...

Apoiados e estimulados pelos governos britânico, francês e americano (entenda-se Lloyd George, Clemanceau e o presidente Wilson), as tropas e a marinha grega se dirigem para Esmirna, que detinha uma considerável população grega – além de armênia e judaica –, cujos líderes apoiaram imediatamente a nova ordem (Smith, 2000).

Na noite de 14 de maio de 1919, milhares de turcos reúnem-se em Bachri-Baba, perto do mais antigo cemitério judaico da cidade, onde acendem fogos e batem tambores durante a noite toda, em sinal de protesto. Nessa noite, várias centenas de presos, turcos em sua maioria, fogem das prisões com o auxílio das autoridades turcas e do administrador italiano dos presídios. A ocupação desordenada pelo exército grego, testa de ferro dos aliados, passa a sofrer a primeira resistência armada, já dentro da cidade, orientada pelo governo provisório turco liderado por

Mustapha Kemal. Nascido em 1881 e criado em Thessaloniki, o jovem – que anos depois seria conhecido como Ataturk (Pai dos Turcos) – era conhecido pelas ruas de Istambul como Selânikli Mustafá (o Mustafá de Salônica) (Georgeon, 1992).

Os aliados ocupam Constantinopla e ordenam o avanço grego em direção ao interior da Turquia. Em 1921, após a vitória de Afiun, os gregos avançam em direção à capital Ancara. Foi o mais longe que puderam chegar.

Mas os ventos da sorte mudam de direção e, após algumas vitórias turcas, França (liderada pelo deputado turcófilo Henri Franklin Bouillon), Grã-Bretanha, Estados Unidos e Itália abandonam os gregos à sua própria sorte ou, mais do que isso, passam a municiar o governo turco, avaliando que seria melhor não brigar com um futuro parceiro comercial.

Em agosto de 1922, Mustapha Kemal inicia uma ofensiva avassaladora, e as tropas gregas, esgotadas, sem munição ou suprimentos, passam a recuar de maneira desordenada.

"Algo precisa ser feito para nos tirar rapidamente desse pesadelo na Ásia Menor", diz o príncipe Andréas para Venizelos.

"Leve-nos para casa! E para o inferno com a Ásia Menor", afirma um soldado.

"Quando vocês vão voltar?", perguntavam os camponeses gregos, ao ver suas tropas se retirando em direção a Esmirna. "Não voltaremos", era a resposta dos soldados.

A Megali Idea, enunciada em 1844 por Kolettis ("O reino da Grécia não é a Grécia; ela é apenas parte, a menor, a mais pobre parte dele") – que incluía a retomada das regiões habitadas por gregos desde a Antigüidade, do Mar Negro às cidades de Esmirna, Éfeso, Helicarnasso, Mileto, Pérgamo e outras na Anatólia, passando por Constantinopla –, chegava ao fim de maneira desastrosa.

I SMIRNE KEGHETE (ESMIRNA ESTÁ PEGANDO FOGO)

Alguém teria dito que as Amazonas fundaram Esmirna. Outros preferem dizer que foi o pobre Rei Tântalo, permanentemente torturado ou "tantalizado". Esmirna é o depositário de muitos mitos gregos, o berço ancestral de semideuses e dos mortais guerreiros de Micenas e da Lídia.

Pensa-se também que foi o local onde nasceu o cego Homero, autor da *Ilíada* e da *Odisséia*.

A cidade passou pelas mãos de lídios, de jônicos, e viu Alexandre Magno a caminho de suas vitórias na Ásia.

Esmirna foi admirada pelos romanos – no tempo de Augusto, foi descrita como a mais bela cidade da Ásia – e, no início do século XX, mantendo seu charme, era chamada de "A Pequena Paris".

São Paulo, o Apóstolo dos Gentios, precocemente levou o Cristianismo para a cidade, e São João, o Divino, proclamou-a uma das sete cidades da *Revelação*.

Em 1084, os turcos seljúcidas destruíram a cidade, na época sob domínio bizantino. E também os persas, em 1130. Mas nada comparável ao massacre promovido por Tamerlão em 1402.

Enquanto os Cavaleiros de São João fugiam, Tamerlão ordenou que milhares de habitantes fossem degolados e seus crânios utilizados para erguer um monumento em sua homenagem.

Não satisfeito, seguiu para Éfeso, onde as crianças da cidade esperavam para recepcioná-lo na entrada da cidade, entoando cantos de paz. – "Que barulho é esse?", perguntou ao seu ordenança, e mandou sua cavalaria pisotear os pequenos até a morte de todos.

Muitos séculos depois, em 8 de setembro de 1922, quando o general Hajinestis (dizem que delirando e afirmando que suas pernas viraram vidro) ordena o embarque e retirada total das tropas gregas, a cidade reencontraria sua triste vocação para tragédias. Enquanto Hajinestis voltava para Atenas, onde seria julgado por traição por um tribunal militar e executado, Esmirna ardia inteira em chamas.

Como de costume, as casa turcas ocupavam os bairros mais altos de uma cidade, e em Esmirna, as tropas de Kemal ergueram barricadas mais abaixo, ao redor dos bairros grego e armênio, impedindo a saída deles e bloqueando a saída pelo cais. E atearam fogo à área demarcada.

Na quarta-feira, 13 de setembro, o costumeiro cheiro de jasmim e figos secos da cidade é substituído pelo de querosene, e pelos enauseantes cheiros de cabelo e carne humana queimados.

Os que conseguem escapar do fogo em suas casas tentam desesperadamente fugir em barcas, barcaças, canoas diminutas ou, inutilmente, a nado.

O metropolita da igreja ortodoxa grega Chrysostomos procurou o General Noureddin, buscando apelar para que a matança parasse. Da sacada do edifício, o general turco impede que o religioso entre e ordena: "Tratem-no como ele merece!"

A turba e um bando de soldados turcos, aos gritos, com empurrões e pontapés, fazem o pobre padre descer a rua até alcançar a barbearia mais conhecida da cidade. Arrancam lá de dentro o amedrontado Ismael, o barbeiro judeu, e, com uma espada no pescoço, ordenam-lhe que barbeie "com carinho" o religioso. Após o trêmulo Ismael ter terminado seu ofício, seus instrumentos foram arrancados de suas mãos e, diante da multidão, os soldados passam a arrancar os olhos, o nariz, as orelhas e, por fim, decepam as mãos do religioso.

Uma dúzia de soldados franceses acompanha a morte terrível de Chrysostomos, mas nada faz, temerosa em reagir (Dobkin, 1998).

Milhares de pessoas, amontoadas no cais, não receberam qualquer ajuda dos navios parados próximos a ele. Nem o Iron Duke (inglês) nem o USS Litchfield nem o vapor francês Pierre Loti e nenhum outro barco qualquer permitiram o embarque de centenas de pessoas que se atiram ao mar. Tudo para evitar despertar a ira de Mustapha Kemal.

OS JUDEUS DE ESMIRNA

Desde a Antigüidade, a cidade de Esmirna possui uma população judaica, sendo não só citada no Novo Testamento, como, também, em narrativas cristãs, como o *Martírio de Policarpo*, no segundo século.

Testemunhos da chegada dos sefardis, nos séculos XV e XVI, afirmam terem sido recebidos por uma pequena comunidade romaniote. Outros judeus, vindos de Belgrado e de Budapeste, juntam-se aos primeiros no início do século XVI.

A comunidade judaico-portuguesa adquiriu, ao longo do tempo, grande importância comercial e política. Denominados "francos", tinham sua própria sinagoga chamada Portugal.

Esmirna foi o centro de importantes rabinos, como R. Yitzhak Meir HaLevy (morto em 1634), Azariah Joshua Ashkenazi (morto em 1647), Hayim Benveniste (morto em 1673) e Joseph Escapa de Salônica (morto em 1662), que foi professor de Sabatai Tzvi.

A comunidade manteve-se fundamentalmente ligada ao comércio, explorando a privilegiada posição de cidade como porto de grande movimento.

Durante o século XIX, publica-se o primeiro jornal, *Puerta de Oriente* – cuja publicação cessou nas primeiras duas décadas do século XX –, seguido de pelo menos outros cinco periódicos em ladino.

Com o progressivo esfacelamento do Império Otomano, o número de judeus vai progressivamente diminuindo, dos quarenta mil, em 1868, para pouco mais de vinte e cinco mil, quando da época da ocupação grega na cidade.

Com a destruição da maior parte da cidade após a entrada das tropas turcas, um grande êxodo ocorre em direção à Grécia, França, Estados Unidos e Argentina (*The Database of Jewish Communities*, 2003).

Nos anos de 1922 e 1923, com a maciça entrada de refugiados gregos da Ásia Menor, ocorre a última grande imigração judaica para a Grécia.

Novos problemas – entre uma grande massa faminta e sem recursos e uma colônia que detinha grande domínio sobre algumas áreas comerciais de Thessaloniki – são desencadeados pelas condições dramáticas do país.

Esse clima de constante tensão levou a um incêndio criminoso no distrito judaico de Kempel, em Thessaloniki, em 1931, provavelmente perpetrado pelo crescente movimento fascista EEE (Ethniki Enosis Ellas – União Nacional Grega), embora os autores nunca tenham sido identificados.

10. Pequena História do *Rebetiko*

Caro Dines,

A presença da música sefardi, após a expulsão da Espanha, pode ser vista em vários locais do Mediterrâneo, em particular no Marrocos e nas cidades otomanas de Constantinopla (hoje Istambul), Thessaloniki, Esmirna e Jerusalém.

Essa música tem um caminho difícil de traçar, na medida em que influenciou e absorveu elementos musicais de todos os povos balcânicos, como os gregos, turcos, armênios, búlgaros, sérvios, bósnios e outros.

Uma suposta influência italiana, aliás muito curiosa, pode ser sentida na famosa canção ladina Adio querida, *de inegável semelhança com a ária "Addio al passato", do último ato da* La Traviata, *de Verdi (Cohen, 1999).*

Na música grega, a importância dos judeus sefardis está presente de maneira marcante não apenas na formação do mais autêntico gênero musical grego, o rebetiko, *mas também oferecendo três de suas maiores cantoras: Roza Eskenazi, Stella Haskil e Amália Vara.*

Hoje considerada musica nacional grega – exatamente tal qual o samba, o tango argentino, o fado, o flamenco, ou o jazz *e o* blues *–, o* rebetiko (*ou* rembetiko), *plural* ta rebetika, *muitas vezes chamado de greek-blues, teve uma origem marginal, chegando inclusive a ter sua execução proibida durante o período da ditadura Metaxás.*

A origem do termo rebetiko *é desconhecida, mas pode ter derivado do turco* rembet, *'intestinal' ou 'visceral', do sérvio* rebenok, *que significa 'marginal', ou do grego* remvastikos, *'meditativo'. Se por um lado a origem do nome é incerta, as várias possibilidades unidas são de certa forma complementares e falam muito do caráter desse gênero musical.*

Uma música de gente dolorida e torturada, onde cantar e dançar pode abreviar um pouco o kaimós *('desespero, tristeza') da alma.*

O rebetiko *surge, em parte, na música marginal das prisões, dos fumadores de haxixe nos* tekes *(pequenos armazéns), dos marginalizados e desempregados, em meio à rápida urbanização grega no final do século XIX, opondo-se às valsas vienenses e à musica clássica italiana, cultivadas pelas classes média e alta urbanas.*

Essa subcultura é constituída pelos rebetes *(tocadores de* rebetiko*) e por outras "figuras" que podem vagamente ser comparadas aos nossos romanceados malandros cariocas do passado, os* mangues *(plural de* mangas). *Sempre impecavelmente vestidos com seus chapéus de* gangster *americano, sapato bicolor de bico fino, terno escuro justo ao corpo e, debaixo do paletó, uma* pochette *amarrada à cintura (para fumo, haxixe, faca ou revólver). Os* mangues *controlavam pontos de jogo e venda de haxixe, vivendo de pequenos biscates e contravenções aqui e ali. À margem da sociedade, com regras e gírias próprias, constituíam uma verdadeira subcultura onde, entre outras coisas, casar-se era perder a liberdade, fato tão doloroso quanto trabalhar. Ao passo que ser preso era quase um ponto de honra, digno de aplausos e admiração entre seus pares.*

Perseguidos vez ou outra pela polícia – que aparentemente tinha outras preocupações bem mais prioritárias –, quando presos, porém, recebiam algumas "carícias" e tinham seus instrumentos musicais destruídos.

Suas canções eram freqüentemente baseadas nas tradições orais gregas e bizantinas, muitas vezes canções de amor tradicionais ou folclóricas, com temas da independência grega, da vida rural deixada para trás, ou sobre drogas, jogo, prisões, repressão e pobreza.

Eles iniciam a grande tradição grega do bouzouki, *instrumento hoje emblemático da música grega, e também de um seu irmão anão, o* baglamas, *que, quando a polícia chegava, podia ser melhor escondido ou carregado numa fuga acelerada. Na pior das hipóteses, era fácil de ser contrabandeado para dentro das prisões ou até mesmo ali fabricado.*

No inicio do século XX, *os chamados Café-Amans, uma espécie de* cabaret, *surgem em várias cidades como Atenas, Thessaloniki, Larissa, Pireus (Pireu), e em vários portos do Oriente Médio ainda dominado pelo Império Otomano. Nesses cafés – após uma breve introdução do conjunto, em um solo instrumental com o* bouzouki (*chamada de* taximi) *–, o cantor ou cantora, com os olhos semicerrados, entoa um angustiado* "aman... aman" (*'piedade, piedade', em turco*), *quando então se inicia a canção tocada freneticamente por todos os músicos. O mesmo refrão –* aman... aman *– era por vezes entoado no meio da música, para dar mais tempo ao cantor de improvisar novos versos.*

Acho que você vai se lembrar do have mercy, *de algumas cantoras negras de* blues. *Mas aí, ao contrário da temática marginal dos* rebetes, *os temas eram mais líricos e falavam sobretudo de amores perdidos, paixões e temas eróticos.*

O gênero amenedes *ou* amane *é ainda hoje uma das formas do* rebetiko, *e sugere-se que ele tenha se originado muito antes no Oriente Médio, como uma forma de secularização do ritmo dos recitadores do Corão e de músicas religiosas dos Sefardis.*

Mas, por fim, o que melhor delineou o caráter do rebetiko *foi a chegada dos quase um milhão e quinhentos mil gregos, vindos após a grande catástrofe da Ásia Menor.*

Esses refugiados, vivendo em condições miseráveis em cortiços nas periferias das grandes cidades, introduziram novos temas de paixão, tristeza, morte, tragédia e saudade pela terra perdida, bem como o ritmo mais oriental chamado smirnaico (de Esmirna).

Muitos dos que chegavam eram músicos que faziam parte de conjuntos musicais em que, principalmente em Esmirna e Constantinopla (grandes centros cosmopolitas), gregos, armênios, judeus sefardis, romenos e ciganos tocavam juntos e dividiam suas tradições étnicas.

Da mistura entre essa nova música dos refugiados com aquilo que muitas vezes se convencionou chamar de duas escolas musicais – a de Pireu, constituída pelos trabalhadores e operários, e a de Esmirna, mais oriental –, forma-se o rebetiko, *uma música modal, como na Grécia Antiga, diferente da música tonal do Ocidente.*

O rebetiko *era tocado nos cafés da periferia, onde apenas os homens se sentavam (mulheres não eram permitidas, com exceção das cantoras), para tomar café, fumar haxixe nos narguilês, ou outras formas de "recreação farmacológica", como cocaína e maconha; e para ouvir música e esquecer os problemas.*

A qualquer momento, quando alguém se sentia tocado pela melodia, levantava-se e dançava solitário o zeibekiko, *com olhos cerrados como se estivesse em transe, lentamente girando seu corpo em torno de seu próprio eixo. Cessada a música, retornava então silencioso ao seu lugar, sem qualquer aplauso. Aplaudi-lo, Alberto, seria uma ofensa para alguém que está dançando apenas para si próprio e para sua dor* (pónos).

Embora a lei proibisse o cultivo, o tráfico e o uso das drogas (incluindo o haxixe), seu consumo e sua divulgação musical nas letras de rebetiko *não recebia muita atenção policial.*

Tudo começa a mudar em 1936, quando o general Ioannis Metaxás sobe ao poder e, em 4 de agosto, com a anuência do rei George II, suprime partes da Constituição e, com o Ministério da Imprensa e do Turismo, instala a censura.

A partir de 1937, o ditador determina o banimento de todas as músicas que exibissem facetas de comportamento anti-social, incluindo referências a drogas, ou consideradas orientais demais e decadentes. E manda prender músicos cantores de rebetiko, *proibindo as gravadoras de lançar seus discos. As rádios foram avisadas de que seriam imediatamente fechadas se tocassem as músicas proibidas.*

O general queria transformar a música num divertimento limpo, familiar, sem drogados, e expurgado de qualquer semelhança com música turca. A influência oriental, assim como os hábitos "degenerados", deviam desaparecer, para que pudesse surgir uma "Nova Grécia".

O conceito de subversão política foi estendido para subversão moral.

Dessa forma, alguns autores passaram a compor e tocar músicas populares mais "comportadas", sem instrumentos orientais e com letras leves, ou cançonetas italianas e serenatas, em moda na época.

Dos resistentes, alguns abandonaram a música em sinal de protesto (como Vangelis Papazoglou, um compositor de sucesso na época), enquanto outros passaram a tocar escondidos, na marginalidade.

Muitos músicos buscaram refúgio na cidade de Thessaloniki, uma verdadeira cidade livre, onde podiam tocar, beber e fumar qualquer coisa em paz, sob os olhares mais do que complacentes do chefe de polícia local, Vassilis Mouskoudhis, um fã apaixonado do rebetiko, *que inclusive chegou a ser padrinho de casamento de Vassilis Tsitsanis (que viria a ser o maior nome da música grega no pós-guerra).*

Na ocupação alemã durante a Segunda Grande Guerra – e depois na Guerra Civil –, uma vez que toda a estrutura fonográfica fora destruída, ressurge o rebetiko *como uma música de protesto e sobrevivência da identidade nacional. São os anos onde ele se torna a música nacional, época em que desponta o grande compositor Vassilis Tsitsanis e as cantoras Sotiria Bellou e Marika Ninou.*

Nos anos 1950, os interesses comerciais das gravadoras americanas quase acabam com esse gênero musical.

Um novo renascimento ocorre lentamente durante os anos 1960, anos duros da Junta, quando o ritmo é cantado pela nova geração, particularmente os estudantes universitários, novamente como uma forma de protesto.

Novo redescobrimento, novo declínio, até ser revalorizado e incorporado, anos depois, a partir da metade dos anos 1970, pelos compositores da nova música grega, como Manos Hadjidakis, Mikis Theodorakis, Stavros Xarhakos e Nikos Gatsos (Theodorakis, 1993).

Alguns dos mais famosos rebetikos *foram regravados pelos maiores cantores gregos da atualidade, como Georges Dalaras, e as cantoras Haris Alexiou, Leftheria Arvanitaki, Glykeria e outros.*

Mas vou lhe falar de Roza Eskenazi.

Essa grega de origem judaica, nascida em Constantinopla, cujo verdadeiro nome era Sarah Skinazi, foi a mais famosa cantora grega de sua geração e tem sido freqüentemente comparada com Edith Piaf e Billie Holiday.

Sabe-se muito pouco do início de sua vida, a não ser que, junto com sua família sefardi – o pai Avraam, a mãe Flora e dois irmãos e uma irmã –, mudou-se de Constantinopla para estabelecer-se em Thessaloniki.

O pai vivia de emprestar dinheiro a juros em Constantinopla, mas em Thessaloniki aparentemente trabalhou como comerciante e plantador de algodão.

As razões da saída da família de sua cidade natal não estão esclarecidas, embora possam ter sido que os velhos tempos de relativa tolerância entre turcos e judeus pareciam ter chegado ao fim e o fanatismo religioso, aliado ao feroz nacionalismo turco, estar começando a tratar todos os rajahs (*'não turcos'*), *fossem eles judeus, gregos ou armênios, da mesma maneira, digamos, muito pouco cordial.*

Nem sua data de nascimento se conhece. Há várias apostas, com inúmeros palpites, como 1883, 1890, 1895 e 1900. Em sua autobiografia Afto pou Thimame (Aquilo de que Me Lembro), *Roza afirma ter nascido em 1910 (mas eu gritaria "truco!"), e acho que a velhinha estava tentando diminuir sua idade. Uma de suas fotos como cantora de cabaret, tirada em 1915, já sugere uma moça nos seus 20 e poucos anos.*

Roza não recebeu qualquer educação formal ou musical, nunca foi à escola e aprendeu a ler e escrever com vizinhas judias e gregas.

Rosa Eskenazi, acompanhada de Sensis (violino) e Tomboulis.

Não se sabe quando nem como se juntou a uma troupe de músicos gregos e armênios em Thessaloniki, e passou a dançar e cantar em espetáculos que perambulavam por toda a Grécia. É nesta época que muda seu nome artístico para Rosa ou Rosita Eskenazi.

Em 1921, cantando numa taverna, foi descoberta por Panayiotis Toundas, famoso produtor musical e compositor da época, que a levou para gravar seu primeiro disco.

Logo suas gravações para a Columbia e a Odeon, e suas apresentações ao vivo, tornaram-na a mais bem paga artista de seu tempo, tendo gravado mais de quinhentas canções nos anos 1930.

Excursionou após a Segunda Guerra por vários países, inclusive os Estados Unidos, onde permaneceu cerca de dois anos, sempre acompanhada de dois grandes músicos refugiados dos massacres turcos dos anos 1920: o violinista grego Dimitris Sensis e o armênio Agapios (Hagop) Tomboulis.

Durante a Segunda Guerra Mundial era dona de um restaurante na rua Satovriandhou, em Atenas, onde teve participação ativa ocultando membros da resistência grega e judeus, sempre correndo o risco de ser apanhada. Contava, porém, ainda com um certo prestígio, o que lhe ajudou a criar uma cortina de fumaça para suas atividades.

Rosa desapareceu de cena durante os anos 1960 – a jovem-guarda daqui, como a daí, achava que os velhinhos estavam musicalmente mortos –, até ser redescoberta pela nova geração, na metade dos anos 1970, e ser extensivamente homenageada.

Rosa Eskenazi faleceu em dezembro de 1981, deixando uma vastíssima discografia multilíngüe, cantando em grego, turco, árabe, italiano, armênio e djudezmo.

Iassou e Shalom
Abraços
T.A.C.

11. A Ditadura de Ioannis Metaxás (1936-1941)

Caro Dines,

Uma busca na Internet de material – diga-se de passagem, escasso – sobre o General Ioannis Metaxás imediatamente mostrará, mais uma vez, que um ditador nunca é ruim para todos, e que, no imaginário de muita gente, o céu é povoado de pinochets, médicis, stálins e papa docs, com túnicas brancas e harpas, cantando Amazing Grace.

Além de uma página – já não lembro mais se em grego, minto, em inglês (mas, como você não vai ler mesmo, pouco importa) – amplamente apologética, é possível encontrar uma outra página, de um grupelho neonazista, com uma figura em saudação fascista. Conclama-se os pobres coitados que toparam com aquela página (de um incrível nonsense) a juntarem-se aos autores e recriar a Grande Grécia anticomunista do General Metaxás, e a dizer não-não-não: à Unidade Européia, à NATO, e à imigração maciça.

Eu, que sempre achei que Metaxás bom é conhaque – aliás, bom não, ótimo –, passo a contar a história do outro Metaxás, o general.

Em 10 de outubro de 1935, quando, após um recesso, o Parlamento se preparava para votar uma moção que aprovaria, ou não, a con-

vocação de um plebiscito popular pelo retorno da monarquia, um golpe de Estado, comandado pelos militares (por quem mais!?), instala uma junta militar (já viu militar empossar civil?).

O governo provisório, com poderes ditatoriais, dissolve o Parlamento e restaura a monarquia, trazendo de volta o rei George II, após cerca de 12 anos de exílio na Inglaterra. Um plebiscito imediatamente convocado – e tão verdadeiro quanto um "Rolex" de camelô – levou à extraordinária marca de 97,87% de aprovação ao retorno da monarquia.

Em 13 de abril de 1936, o líder do governo Constantine Demerdzis morre e, poucas horas depois, o Rei, precisando desesperadamente de um homem forte, aponta o General Ioannis Metaxás como seu primeiro-ministro.

Metaxás, já então com 65 anos, não era de longe nenhum ator coadjuvante ou desconhecido no palco político grego.

Embora nunca tivesse conseguido sucesso em eleições livres, sempre participou da vida partidária do país como intolerante conservador e defensor da monarquia. Grande admirador do antigo Rei Constantino (o pai de George II), quando de sua deposição, acompanhou o monarca ao exílio, permanecendo na Itália entre 1917 e 1920.

Íntimo de Constantino, Metaxás também compartilhava, com o pai do atual rei, um grande desprezo pelos venizelistas e uma admiração desmedida pela Alemanha, onde recebera seu treinamento militar na Academia de Guerra.

Seu tempo na Alemanha, após a Guerra dos Bálcãs, moldou muito sua forma de pensar, retornando imbuído das virtudes prussianas de Ordnung und Ernst *('disciplina e seriedade'), qualidades que julgava essenciais para superar a falta de ambição e a indisciplina que acreditava ver em seus patrícios.*

No passado, por considerar a Grande Idéia uma grande bobagem e acreditar que o exército grego não estivesse preparado para a invasão da

Anatólia, renunciou a seu cargo de comandante das forças armadas, em 1920, o que o livrou de carregar o fantasma da derrota nas costas e, assim, conseguir manter uma imagem de eficiência.

Naquele momento (1936) de vácuo no governo, ocupava o cargo de Ministro da Guerra.

Porém, mesmo antes de assumir o poder, preparava-se para exercê-lo e para isso vinha mantendo excelentes relações com as autoridades da Alemanha nazista.

Seja por diferentes intermediários, seja pessoalmente como Ministro da Guerra, fez ver aos dirigentes nazistas que contava com o apoio da Alemanha para investimentos em infra-estrutura e, principalmente, armamentos.

Após a invasão italiana na Abissínia, o general já antevia que alguma coisa poderia acontecer e, imediatamente, colocou a nação em marcha para o rearmamento e modernização do exército.

Em 4 de agosto, abortando uma tentativa de deputados de diferentes posições de formar um novo parlamento democrático, Metaxás estabelece uma ditadura para evitar um "iminente golpe comunista" com "grande derramamento de sangue" para o país.

Fontes diferentes acreditam que essa hipótese conspiratória foi um excelente álibi e tão somente isso.

"Tentando equilibrar-se" poderia ser o título de um filme que resumisse sua atuação externa: de um lado, sinaliza o tempo todo sua neutralidade para a França e a Inglaterra, e, de outro, graças à sua amizade com o Reich, já em 1939, consegue tornar a Grécia o mais bem armado país dos Bálcãs e manter maciça exportação de tabaco para a Alemanha, principal fonte de divisas do país, antes ameaçada de rompimento.

Troca de gentilezas e amabilidades eram uma constante com os alemães, informando ao Ministro da Propaganda nazista Josef Goebbels o quanto era admirador do Nacional Socialismo e do seu sonho de repro-

duzi-lo na Grécia. Amor correspondido com declarações de que a Grécia merecia toda a admiração pela beleza do seu passado, de sua arquitetura (Hitler e Goebbels admiravam a arquitetura clássica) e artes, bem como pelo fato de alemães e gregos serem parentes distantes.

Essa amalucada aula de geografia fraterna baseava-se nas idéias de Guido von List, de que os arianos, formadores do povo alemão, originados nos países nórdicos, teriam na Antigüidade também se espalhado mais ao sul, no Mediterrâneo, e dado origem aos antigos gregos.

O clima de romance não passou desapercebido aos antigos aliados França e Inglaterra. Os gabinetes dos dois países lamentavam-se de que o rei George II, tão amigo da Inglaterra, estivesse nas mãos de um "Frankstein fascista, o filonazista General Ioannis Metaxás".

Por várias vezes o governo britânico pressionou o rei a demiti-lo, mas ele se fingiu de morto e, avisado, Metaxás voltou a declarar-se neutro e amigo não só da Alemanha, mas de todas as grandes potências, recusando-se mais de uma vez a aliar-se a qualquer dos lados.

Goebbels (de terno branco) em visita a Atenas ao lado de Metaxás (de chapéu).

Durante a ocupação italiana da Albânia, Metaxás negocia com os "amigos" ingleses e franceses um compromisso de ajuda, caso a Itália atacasse à Grécia, e também importantes acordos navais para o transporte de alimentos por navios gregos, reforçando o caixa do país.

Parece, porém, que Londres não conseguia ser tão ágil ou tão boa negociante quanto a Alemanha.

Apenas em 1939, às vésperas da guerra, os ingleses ofereceram dois milhões de libras em crédito para a compra de armas inglesas, quantia muito pequena perto dos investimentos alemães, e falharam completamente, no sentido de ajudar as finanças gregas na compra de seu tabaco. Uma posição algo arrogante e sem nenhuma pressa dos britânicos estendeu o processo por quase um ano, quando foi interrompido unilateralmente pelo governo grego.

A política interna de Metaxás tem um colorido de fascismo inegável, muito ao gosto da época em países tão distantes e distintos quanto Argentina, Brasil, Espanha, Portugal, Romênia, Hungria, Croácia e Japão. Esses e outros países viam no modelo – primeiro no fascista italiano, que deu origem ao termo, e depois no alemão – a melhor combinação entre conservadorismo e modernismo com colorido nacionalista (a ideologia própria da pequena burguesia, em contraposição ao socialismo do proletariado), que poderia finalmente impor a lei e a ordem a um povo e impedir o avanço do "perigo vermelho".

Mesmo em países não fascistas, como a Inglaterra ou os Estados Unidos, parte da imprensa e dos conservadores consideravam Mussolini um grande homem, um exemplo a ser seguido na luta contra o perigo comunista (a parte inicial do filme Chá com Mussolini *mostra um pouco dessa admiração britânica pelo Duce). Mesmo em 1924, quando tudo ligava Mussolini ao seqüestro e assassinato do líder socialista Giacomo Matteotti, os Estados Unidos fizeram vistas grossas, por considerá-lo importante no equilíbrio mundial.*

A opinião de Roosevelt de que Mussolini era um "admirável cavalheiro italiano" só vai mudar quando o Duce invade a Albânia.

De 1927, durante uma viagem a Roma, quando – entre outros elogios – declarou: "Mussolini? Um grande cavalheiro!", Churchill ainda precisou de 13 anos para corrigir: "Mussolini? Um chacal!" (Jenkins, 2002).

Admiração esta que os mesmos setores conservadores ingleses nutriam por Hitler, e que, aparentemente, era recíproca, incluindo membros da Coroa (se não viu, assista o maravilhoso Anthony Hopkins e Emma Thompson em Vestígios do Dia*).*

Voltando ao nosso tirano de plantão, Metaxás sabia usar a propaganda da mesma forma que Hitler e Mussolini, embora seu tipo físico – baixinho e atarracado, face redonda e óculos de aros também redondos, sempre trajado modestamente e sem nenhum charme – não entusiasmasse as platéias.

Mas para quem, como os brasileiros, um dia já viu Getúlio Vargas nesse papel, bem sabe que Vinicius achava ser, em outras coisas, a beleza algo fundamental.

Imbuído de títulos como Ó Prótos Ergatis (o Primeiro Operário), ou Ó Prótos Argotisi (o Primeiro Camponês), Metaxás aparece muitas vezes como o pai e protetor de seu povo e, a exemplo de seus outros confrades do mesmo clube, adota o título de Arhigós, isso é, Chefe.

Cria a EON *(Ethniki Organosis Neolea – Organização Nacional da Juventude), uma organização nos moldes da juventude fascista e hitlerista, comandada pela sua filha Loukia Metaxás e introduz a saudação fascista. "Perigosas" organizações juvenis rivais, tais como os escoteiros, foram banidas.*

Para prevenir a contaminação dos jovens por idéias revolucionárias, a oração funerária de Péricles foi banida dos livros texto e, a partir daí, da História da Guerra do Peloponeso, *de Tucídides, só circulavam edições amputadas. Convém lembrar que a oração funerária de Péricles*

Crianças em traje típico da EON em saudação ao líder.

foi pronunciada quase dois mil e quinhentos anos antes, em 431 a.C., no primeiro ano da Guerra do Peloponeso, entre Esparta e Atenas, mas seu elogio à democracia soava atual e intolerável.

Declara o início do trabalho para a construção da Terceira Grande Civilização Grega, I elekti fyli ton Theon (a raça eleita pelos deuses), que continuaria o legado das anteriores: a primeira, a força pagã de Esparta; e, a segunda, a dos valores cristãos do Império Bizantino. Idéia bem pouco original, copiada dos movimentos fascistas de diferentes países que se dedicavam a evocar a glória de um período nacional tido como brilhante. No caso dos fascistas italianos, a Roma Antiga; e, no dos alemães, o esplendor do Império Hohenstaufen Medieval, além dos mitos das tribos nórdicas.

Trabalhador incansável e, não há como negar, com um sentido de dever muito grande, estimula a produção e decreta a moratória da dívida agrícola com o Estado, aliviando a vida dos camponeses, então totalmente endividados. Pela primeira vez na história grega, Metaxás estrutura uma legislação do trabalho e aplica profundas reformas sociais, reconhecidas como relevantes e necessárias mesmo por alguns adversários, bem como consegue rapidamente o apoio do exército, melhorando a qualidade dos armamentos, o soldo e acelerando as promoções.

Essa força de trabalho, porém, não prescindiu de um rígido controle sobre qualquer oposição, tênue que fosse, proibindo as greves, fechando os sindicatos e impondo arbitragem compulsória em todas as questões trabalhistas, o que, na prática, significou sempre a imposição do desejo do patrão.

Seu Secretário da Segurança, Konstantino Maniadakis, mantinha íntimas relações com Himmler e estreita colaboração com a Gestapo, para a prisão – ou exílio em ilhas distantes – dos oposicionistas do regime, de músicos a comunistas (postos na ilegalidade).

Calcula-se que cerca de trinta mil pessoas tomaram este forçado rumo insular.

Ao contrário, porém, de outros sanguinários ditadores, não houve matança de opositores e, aparentemente, a tortura de presos políticos foi logo interrompida.

Como ponto divergente da política alemã, Metaxás negou que compartilhasse de qualquer sentimento anti-semita, declarando que os judeus gregos eram cidadãos gregos e que qualquer manifestação ou publicação anti-semita por "maus gregos" não seria tolerada.

No entanto, por vezes, fez vistas grossas ou não conseguiu controlar totalmente o anti-semitismo de grupos como o obscuro EEE *(Ethniki Enosis Ellas – União Nacional Helênica), fundado entre 1927, e o Partido Nacional Socialista Grego, de George Merkouris. Em 1931, o* EEE *tinha sete mil membros, dos quais três mil em Thessaloniki, a maioria constituída por refugiados pobres e ressentidos, vindos da Ásia Menor. Foram os membros desse grupo e os de outros menores que se envolveram no único* pogrom *da Grécia, no período entre as duas Grandes Guerras.*

Tudo começou quando os jornais gregos da cidade, em particular o Makedonia, deram grande destaque a uma história – até hoje duvidosa – das declarações de um delegado judeu ao congresso sionista em Sofia, na Bulgária.

Durante o Macabi (congresso sionista), o delegado teria defendido a anexação, por parte da Bulgária, de toda a Macedônia, inclusive Thessaloniki.

Uma turba revoltada, sem controle, com cerca de duas mil pessoas, a maioria de refugiados e reservistas, e temendo as já conhecidas atrocidades búlgaras do passado, irrompeu no quarteirão Campbell, onde, desde o incêndio de 1917, moravam cerca de trezentas famílias judias pobres, e incendiaram suas casas (Mavrogordatos, 1983).

Embora essas duas fossem as principais organizações fascistas, várias outras surgiram, apesar de, em matéria de seguidores e influência política, sua representatividade ser insignificante.

Alguns anos antes, em Thessaloniki, o ministro do Interior Theodoros Skyfafakakis fundara um desses pequenos grupos, a Organização do Estado Nacional Soberano, cujo órgão oficial do partido, o jornal Kratos (Nação), tinha uma linha fascista e anti-semita agressiva.

As tentativas desses grupos em popularizar Os Protocolos dos Sábios de Sião – diabolização literária elaborada no final do século XIX pela policia czarista, sugerindo um complô judaico internacional para controlar o mundo – não recebeu a menor atenção da população em geral.

Mas, embora o anti-semitismo estivesse concentrado nesses grupelhos de direita, em alguns momentos, manifestações anti-semitas isoladas partiram dos liberais e da própria esquerda.

A propósito disto, em 6 de setembro de 1936, o próprio Eleftherios Venizelos, em entrevista ao Jewish Post, discutindo aspectos da história moderna da Grécia, criticou duramente a atitude antipatriótica de grande parte da comunidade judaica e chamou-os de maus gregos quando, em 1913, opuseram-se à incorporação de Thessaloniki à Grécia (Sarandis, 1993).

Da mesma forma, a história dos judeus "portugueses", já relatada, era razoavelmente conhecida, o que não contribuía em nada para angariar novas simpatias aos judeus.

No intuito de helenizar forçadamente a população, Metaxás restringiu a publicação de jornais em francês e judeo-espanhol. As escolas da Aliança Israelita tiveram de diminuir o tempo a doze horas semanais, dispensando as aulas de hebraico, história judaica e religião, e adotar o grego, e não mais o francês, como língua oficial de instrução.

Essas medidas, evidentemente, causaram grande mal-estar entre romaniotes e sefardis.

Em agosto de 1940, a Itália começa a pressionar o governo grego buscando vantagens territoriais e inicia uma série de provocações, tentando instalar um clima de guerra, levando por duas vezes a Chancelaria alemã a alertar Mussolini de que uma guerra nos Bálcãs abriria uma outra frente de guerra, indesejável para os alemães. Discretamente, isto significava um pedido para que Mussolini também interrompesse as provocações contra a Grécia: a pior delas, o ataque perpetrado por um submarino "desconhecido" (de fato o Delfino) contra o cruzador grego Elli, parado no porto de Tínos, que trazia fiéis para a festa de Nossa Senhora de Tínos, a maior festa religiosa da Grécia.

Nessas e em outras ocasiões, o Duce assegura que uma campanha na Grécia seria fácil e que em poucos dias estaria encerrada.

Alguns meses antes, em 16 de maio de 1940, outro apelo, vindo de campo oposto e de maneira quase desesperada através de uma carta de Churchill, também fora solenemente ignorado pelo dirigente italiano:

Acaso é demasiado tarde para deter o rio de sangue entre britânicos e italianos? Desde tempos imemoriais persiste o clamor de que os herdeiros da civilização latina e cristã não entrem em mortal combate. Com todo o respeito, convido-o a atender minha súplica, antes de dar o terrível sinal (Gilbert, 1994).

Essa teimosia levou Mussolini a enviar Emanuele Grazzi, seu em-

baixador na Grécia, à casa de Metaxás no dia 28 de outubro. *Eram quase 3 horas da manhã quando Grazzi, acompanhado de seu adido militar, coronel Luigi Mondini, chegou à modesta casa de Metaxás em Kifissia, bairro de Atenas, com um ultimato para que a Itália pudesse ocupar o território grego. Conta-se que Grazzi estava cansado e embaraçado: admirador da Grécia e descontente com o que devia fazer por ordem de ofício, à imagem e semelhança de muitos soldados italianos que não entenderiam por que aquilo tudo.*

Grazzi tinha tentado nos últimos tempos colocar panos quentes na situação, cada vez mais crítica, e convencer seu chefe, o irresponsável ministro do Exterior Conde Galeazzo Ciano, de que aquela guerra era uma insanidade.

Como, no entanto, Ciano recebia ordens diretas de seu chefe e sogro Mussolini (e caracterizava o que havia de mais pusilânime em subserviência e adulação), jamais contrariaria a "sabedoria" política do Duce. Mesmo veementemente alertado pelos seus generais e pelo Chefe do Estado-Maior Marechal Pietro Badoglio de que suas tropas, embora numericamente superiores, não estavam preparadas, Ciano preferiu não ouvir as objeções militares. Era a melhor – talvez a única – chance do marido de Edda, a filha favorita de Mussolini, ganhar o status de herói e abandonar a fama de mulherengo, sátiro e incompetente (Moseley, 2000).

Mas, depois de seu covarde ataque a uma França já de joelhos após a invasão alemã, por que Mussolini resolveu atacar a Grécia? Não porque a Grécia tivesse qualquer importância militar ou estratégica, como por vezes o Duce declarava, citando a importância dos portos gregos e das ilhas para a Guerra no Egito, as razões eram muito mais psicológicas que estratégicas.

Nada, nada no mundo, compara-se ao ciúmes e à inveja de um homem – e não estou falando de ciúmes passional, mas de ciúmes e inveja do sucesso de outro homem. Mussolini, um narcisista, estava cansado de ouvir, pelos jornais ou por Hitler, dos sucessos militares alemães. O último deles fora a tomada pela Luftwaffe dos poços de petróleo de Ploești, na Romênia. Mussolini constantemente se queixava de que não era consultado e de que, já como fait accompli, *a notícia lhe era tão somente notificada.*

O diário do Conde Ciano conta o que lhe disse o Duce sobre a invasão da Grécia: "Dessa vez lhe dou o troco com minha própria moeda. Ele [Hitler] vai descobrir pelos jornais que eu ocupei a Grécia...".

Mas não foi bem assim. Mussolini acabou enviando alguns dias antes uma carta a Hitler, informando-o de sua intenção de invadir a Grécia.

Quando um Hitler apressado chegou à estação de Bolonha, a caminho de Florença para discutir o assunto, Mussolini, temendo uma pressão em contrário, inicia as hostilidades algumas horas antes da chegada do Führer, no dia 28 de outubro de 1940, aniversário da Marcha para Roma.

"– Como pôde fazer isso?"– gritou Hitler – "É uma verdadeira loucura!".

O humor de Hitler não estava dos melhores, acabava de conferenciar com Franco e Pétain, com o propósito de obter o apoio espanhol e francês na luta contra a Inglaterra. Não havia, no entanto, obtido nenhum resultado positivo para suas gestões.

O ministro das Relações Exteriores Joachim von Ribbentrop e o marechal-de-campo Willhelm Keitel, um dos chefes do comando hitlerista, ainda presenciaram os furiosos socos na mesa dados pelo Führer e suas indagações, aquela altura já muito pouco pragmáticas:

"– Se ele desejava travar uma luta com a pequenina Grécia, por que não atacou Malta ou Creta?"

Postado na plataforma da estação, diante de uma banda de carabinieri *que, equivocada, tocou a Marcha Real Italiana em vez do Hino Nacional Alemão, deixando-o furioso, Mussolini rapidamente se recom-*

pôs para saudar Hitler, quando este desceu do trem: "Führer, estamos em marcha. Na madrugada de hoje, as tropas italianas, vitoriosas, cruzaram a fronteira greco-albanesa".

Para ouvir de Hitler uma amarga profecia que se concretizaria em poucas semanas: "– O resultado será uma catástrofe militar!" (Collier, [s.d.]).

Mas, voltemos à Grazzi. Aí, de pé na porta, de pijamas, Metaxás convidou-o a tomar assento em seu escritório.

Contará Lela, a mulher de Metaxás, que a conversa começou calma, inaudível, mas que logo a voz de seu marido se elevou; seguiram-se uma forte batida de mão sobre a mesa e um "não" gritado.

Esse sonoro oxi (não), colocando para fora seu incômodo visitante, é um marco de orgulho na história da nação, o Dia do Oxi é comemorado todo 28 de outubro, com grandes festas pela Grécia inteira.

Horas depois, o General Metaxás fazia seguinte declaração a nação:

Que a nação se levante e lute pela defesa do país, das mulheres, das crianças e das sagradas tradições. Devemos mostrar que somos dignos da herança de liberdade que nos legaram os nossos antepassados e lutar até a morte. Chegou o momento de lutar por uma vida independente. A Itália não reconhece o nosso direito de viver como nação livre, apesar da neutralidade da Grécia. O ministro italiano entregou-me o pedido para que cedêssemos territórios gregos à sua discriminação, caso contrário as tropas italianas iniciariam o avanço ao romper do dia. Respondi-lhes: Considero este pedido e a forma pela qual foi formulado como um declaração de guerra à Grécia.

Metaxás sobreviveu ainda mais três meses e faleceu em 29 de janeiro de 1941.

Foi o suficiente para ver a surra dada por seu exército (ao som das canções patrióticas de Sophia Vembo) ao exército italiano, graças a uma linha defensiva bem armada, construída no noroeste do país, denominada linha Metaxás.

Em poucas semanas, as mal equipadas tropas do Duce estariam em franca retirada, cercadas na Albânia.

Porém, morrendo antes, Metaxás livrou-se de ver um relutante Hitler, quase três meses depois, determinar a invasão da Grécia e da Iugoslávia para apagar o incêndio iniciado pelo seu aliado italiano.

Do ponto de vista alemão, a abertura de uma nova frente nos Bálcãs era um erro crasso: primeiro, porque o exército grego tinha se mostrado extremamente competente em relação aos italianos; e, segundo, porque esse envolvimento abriria uma outra frente antes da Operação Barbarossa, isso é a invasão da União Soviética.

Os italianos arruinaram o prestígio do Eixo. Essa é a razão pela qual os Bálcãs tornaram-se um grande problema [...] Assim nós precisamos intervir. Não para ajudá-los [aos italianos], mas agora para tirar os ingleses da ilha de Creta [...].O Führer preferiria ver um acordo de paz entre Roma e Atenas, mas [...] Mussolini criou um grande confusão [...]. Se ele tivesse apenas ocupado Creta como o Führer o aconselhou. Mas Roma é incorrigível [...] (Goebbels; em Moseley, 2000).

Os Bálcãs não faziam parte do que os alemães consideravam seu Lebensraum *(espaço vital). Queriam que, após uma reorganização de forças causada pela vitória alemã, entrassem na Nova Ordem Européia, mas através de negociações diplomáticas e econômicas, não pela guerra.*

As circunstâncias da morte de Metaxás são até hoje misteriosas. Estão ainda insepultas as hipóteses conspiratórias de envenenamento, seja a mando dos italianos, dos alemães ou ordenado pelos ingleses, a quem Metaxás proibiu que interviessem entrando na Grécia quando da invasão italiana, por entender que essa seria uma provocação que Hitler não toleraria.

Verdadeiras ou não as suspeitas, o curioso é que, após sua morte, um dos primeiros atos de seu sucessor Alexandros Koryzis, um banqueiro opaco e sem nenhuma experiência política, foi autorizar a entrada das forças inglesas em solo grego, através do porto de Thessaloniki, e suicidar-se pouco tempo depois, enquanto as tropas alemãs avançavam sobre a Grécia.

Embora admirador indiscutível da Alemanha e da Itália (onde morou em Siena), e um ditador que, no plano interno, aparentemente nunca conseguiu – ao contrário de Hitler e Mussolini – uma grande aprovação ou adesão popular, no plano externo, Metaxás foi, como já dissemos, bastante hábil.

Tentou, até onde pôde, manter sua neutralidade, trabalhando nos bastidores de um lado e de outro, confiando na sua proximidade com o regime alemão para evitar conflitos com os sonhos imperialistas da Bulgária e da Iugoslávia (sempre interessadas em anexar territórios gregos que assegurassem uma saída para o Egeu), bem como contra o expansionismo italiano. Teve igualmente o mérito de perceber que a Itália era o maior perigo e armou-se adequadamente para combatê-lo.

Metaxás sabia que, quando dois vizinhos grandes demais brigam, o melhor a fazer é manter boas relações com um e outro a qualquer custo, de maneira discreta, na medida do possível, para não ofender ninguém.

Lindolfo Collor apresenta uma percepção extraordinária da Europa antes da Guerra. Escrevendo de Paris, em 15 de julho de 1939, pouco mais de um ano antes do início da invasão italiana, oferece um retrato entusiasmado do governo de Metaxás:

Sem recorrer a impostos extraordinários, a ditadura do General Metaxás começou a pôr ordem na vida administrativa. As finanças públicas, de vizinhas de uma ruína completa, aparecem hoje saneadas. O dracma, de câmbio incerto e erradio, já passou a ser uma moeda perfeitamente estável, as obras públicas foram intensificadas, construíram-se estradas [...].

Apesar das restrições que se impõem ao comércio internacional, as exportações da Grécia estão em contínuo aumento não só em volume mas também em valor.

O país estava praticamente em situação de insolvabilidade.

Os serviços da dívida, porém, não se interromperam, graças a um acordo extremamente vantajoso que o General Metaxás concluiu com os credores [...] Fala-se agora que a Inglaterra está disposta a abrir novos créditos [...] as exportações verificaram um aumento de 59,73% em quantidade e de 74,55% em valor.

Construíram-se já 1 853km de estradas novas; 2 723 mil estremas (uma estrema equivale a dez acres) de novas terras cultiváveis foram dessecadas [...] Sessenta por cento das necessidades nacionais de trigo já são obtidas da cultura grega [...].

O prestígio internacional da Grécia corresponde exatamente à sua situação interna. Tanto os Estados totalitários quanto as potências democráticas rivalizam nos empenhos de obterem as simpatias decididas do governo de Atenas [...].

Não se exagera [ao] dizer que nas mãos do governo de Atenas estão as chaves da vida balcânica (Collor, 1989).

Se não fosse pela irracionalidade de Mussolini, a Grécia poderia ter sido um mar de rosas em meio à Segunda Guerra e, quem sabe, refúgio seguro para cidadãos, judeus ou não, de outros países.
Quase deu certo...

Iassou *e* Shalom
Abraços
T.A.C.

12. A Grécia na Segunda Grande Guerra

Se Deus criou o mundo, eu não gostaria de ser Deus.

ARTHUR SCHOPENHAUER

Em 1940, a Grécia ainda era um país jovem.

O Estado que emergiu da revolução de 1821 pouco tinha a ver com a Nação que, ainda, tentava assimilar as diferenças de gregos vindos não apenas da Ásia Menor mas de outras regiões balcânicas e do Mar Negro (dita região do Ponto). As várias guerras enfrentadas e os diferentes golpes de Estado contribuíam para o empobrecimento do país.

O pequeno reino governado pelo rei George II e por Metaxás, com uma população pouco superior a sete milhões de gregos, preparara-se para a guerra com um exército calculado em quatrocentos mil homens, uma vez que foram convocados os reservistas para associar-se ao exército permanente de setenta mil homens.

A aviação grega contava com cento e vinte aviões e a marinha era constituída por dez contratorpedeiros, treze torpedeiros, oito destróieres, seis submarinos e várias unidades menores sucateadas (*www.sites.uol.com.br*).

Entre os aliados, imediatamente se estabeleceu a clara impressão de que, sem uma grande ajuda externa, a Grécia seria vencida em poucos dias pela Itália, que tinha duzentos e vinte mil soldados concentrados próximos à fronteira grega na Albânia recém-anexada, treinados em campanhas anteriores, e uma força aérea e naval muito superior.

Daí a grande irritação dos ingleses com a teimosia de Metaxás em impedir a entrada de tropas britânicas no país.

Havia ainda uma informação – melhor dizer uma esperança –, entre os italianos, que podia deteriorar ainda mais a situação helênica. Sabe-se lá plantada por quem do Alto Comando Italiano (ou grego), corria a notícia de que uma parte dos oficiais gregos estava comprada e que não apenas se entregariam facilmente mas também, quando do avanço italiano, iniciariam uma seqüência de sabotagens, prejudicando as defesas.

Essa 5ª coluna grega jamais se concretizou, pelo menos para os italianos, talvez porque o Rei George, semanas antes da invasão, afastou vários generais do Alto Comando, alguns ligados a um certo general Tsolakoglou, que teria importância em acontecimentos futuros, durante a invasão alemã.

Pelo contrário, os jornais italianos da época pareciam se mostrar extremamente preocupados com manifestações "subversivas" anti-fascistas e atos de sabotagem dentro da própria Itália e, em particular, na Fábrica Nacional de Armamentos, em Brescia, e em outras fábricas ligadas ao esforço de guerra (Nizza, 1974).

Apesar de inferiorizados numericamente, os gregos esperavam poder oferecer aos italianos uma grande resistência, baseados no terreno acidentado e nas dificuldades de ordem climática, dado o rigor do inverno do Epírio, na região norte do país, fronteira com a Albânia.

Mais do que isso, após o pronunciamento que Metaxás e o rei fizeram à nação dando conta do ultimato italiano, centenas de milhares de atenienses saíram às ruas cantando canções patrióticas e entoando gritos de apoio à decisão do ditador. Oponentes de todos os partidos, inclusive do Partido Comunista grego na ilegalidade, clamaram por uma união nacional contra o invasor fascista.

Velhas inimizades pessoais e ideológicas foram deixadas de lado, e toda a nação entrou em guerra de maneira unida e feroz.

No dia 28 de outubro de 1940, às 5:30, meia-hora antes de findar o ultimato de Mussolini, as tropas italianas comandadas pelo general Visconti Prasca cruzaram a fronteira albanesa e iniciaram o avanço em direção ao sul da Grécia.

Não poderiam ter escolhido piores condições climáticas, uma vez que o péssimo tempo praticamente impediu a ação da aviação. Apesar da flagrante superioridade, o exército italiano estava mal preparado para a luta nas montanhas e conhecia pouco a região, guiando-se por mapas inadequados.

A Mussolini, nada disso parecia importar. Arrogante, diante do marechal Pietro Badoglio, que lhe repetia não terem seus soldados sequer camisas suficientes para a campanha que se iniciava, respondeu: "Eu sei. Mas necessito de uns poucos milhares de mortos para sentar-me à mesa de negociações como vencedor" (Bourke, 2002).

O grosso das forças fascistas – integrado por quatro divisões – deslocou-se ao longo da costa do mar Jônico e alcançou as margens do rio Kalama, onde conquistou uma cabeça-de-ponte sobre o lado meridional.

Ao norte, a Divisão Alpina Júlia, dividida em dois grupos, avançou pelo Monte Smolikas através da agreste cordilheira do Pindo e chegou próxima à estratégica localidade de Metsovo, onde, porém, foi alvo de violentos contra-ataques gregos e obrigada a empreender uma retirada sangrenta, cedendo o terreno conquistado.

Os gregos, a seguir, obtiveram sua maior vitória no extremo norte da fronteira albanesa. Nesse setor, as divisões italianas tentaram penetrar em território grego, mas foram rechaçadas e tiveram de empreender uma retirada acelerada com grandes perdas (*www.sites.uol.com.br*).

De nada adiantou um Mussolini irritado substituir Prasca pelo general Soddu e, pessoal e duramente, expressar seu descontentamento com o marechal Badoglio, o general Roatta e outros chefes militares de seu estado-maior.

Em fins de novembro, Badoglio entrevistou-se novamente com Mussolini e esse voltou a se queixar da ineficiência de suas tropas e seus comandantes. Badoglio irritou-se e acusou o Duce de isentar-se de suas responsabilidades pelo ataque fracassado e mal planejado.

Mussolini despediu-se cortesmente, mas destituiu-o alguns dias depois, substituindo-o pelo general Cavallero.

Os gregos, entretanto, continuaram obtendo uma série de vitórias ao longo de toda a frente albanesa, para espanto e admiração de aliados e mesmo dos alemães.

No dia 14 de novembro de 1940, o general Papagos, comandante-em-chefe do exército grego, lançou um ataque ao norte, com cinco divisões, e conseguiu empurrar os italianos para o interior da Albânia e ocupar, em território daquele país, as cidades de Koritza (Korçë), Agioi Saranda (Sarandë) e Argirocastro (Gjirokastër).

Ao longo de todo o avanço grego, meu pai, o "velho Athanássios" como o chamávamos, conta que se passava pelos tanques italianos da divisão Centauro que, atolados na lama, tiveram de ser abandonados pelo exército invasor.

Sem dar descanso aos italianos, os gregos prosseguiram em seu avanço e tomaram a cidade de Pogradec.

A profunda penetração dos gregos, ao norte, criou uma grave ameaça para o flanco esquerdo das tropas fascistas que combatiam na cordilheira de Pindo e na costa do mar Jônico. Assim, o comando italiano viu-se obrigado a ordenar uma retirada ao longo de toda a frente.

Papagos então deslocou o grosso de suas tropas para o sul, com a finalidade de avançar sobre o Pindo e a costa, em direção ao porto albanês de Valona (Vlorë), uma das principais bases de abastecimento do exército italiano. Após uma série de combates violentos, os gregos conseguiram apoderar-se, no início de dezembro, do porto de Santi Quaranta (Uji i Ftoët) e da cidade Argirocastro, e aproximar-se de Valona.

Neste avanço, viam os gregos não só o desejo de "empurrar os italianos para o mar", mas também libertar as cidades com população predominantemente grega do sul da Albânia (um resquício da incorrigível Megali Idea).

Em janeiro de 1941, os gregos redobraram seus ataques, apoiados por cinco esquadrilhas da RAF, enviadas do Egito pelos ingleses. Havia-se iniciado o áspero inverno balcânico, e os soldados, tanto gregos como italianos, deviam padecer terríveis penúrias. No início, a ofensiva teve êxito e os gregos ocuparam o porto de Chimara (Himarë) e a estratégica localidade de Klisura. Os italianos, porém, resistiram encarniçadamente e conseguiram, por fim, deter o avanço.

No começo de março de 1941, Mussolini foi para a Albânia, com o fim de presenciar a ofensiva preparada pelo general Cavallero, que substituiu Soddu, contra os exércitos gregos, que a essa altura ocupavam cerca de um terço daquele país.

O Duce desejava obter, mediante este ataque, uma vitória decisiva sobre os gregos, antes que os exércitos alemães interviessem no conflito, o que lhe causaria profunda humilhação. Sua esperança, no entanto, foi novamente frustrada. Do dia 9 até o 25 de março, as tropas italianas – agora com um contingente surpreendente de quinhentos e vinte e seis mil homens – realizaram repetidos e encarniçados ataques contra as catorze divisões gregas, mas não conseguiram quebrar sua resistência e sequer avançar um quilômetro que fosse.

Em 16 de março de 1941, a marinha inglesa e a grega aplicaram um profundo golpe à marinha italiana, destruindo três cruzadores e dois destróieres, tornando popular a brincadeira: "os marinheiros gregos tomam *ouzo*, os ingleses *whiskey* e os italianos... bem os italianos não saem do porto".

Era, até então, a primeira vitória de um país contra a agressão de um membro do Eixo.

A inesperada vitória obtida pelos gregos sobre os italianos fez com que Churchill alimentasse a esperança de construir nos Bálcãs uma nova frente contra a Alemanha. Decidiu, por isso, enviar sem demora à Grécia o grosso das forças inglesas que estavam combatendo vitoriosamente, no norte da África, contra as tropas do marechal italiano Graziani.

Em toda guerra greco-italiana, os gregos perderam sete mil homens contra sessenta e cinco mil mortos nas forças italianas.

Hitler, por sua parte, havia resolvido, desde o início de novembro de 1940, intervir militarmente na Grécia, para auxiliar os derrotados exércitos de Mussolini bem como para evitar uma fenda por onde os ingleses entrassem e ameaçassem os campos petrolíferos da Romênia, vitais para sua ofensiva na, então, URSS.

A operação contra a Grécia, batizada com o nome de Operação Marita, foi aprovada definitivamente pelo comando alemão no dia 13 de dezembro de 1940.

Enquanto isto, Churchill – teimosamente e sem êxito – ainda tentava obter a aprovação do primeiro-ministro grego Metaxás, para enviar um corpo blindado inglês para combater em território grego.

Metaxás não apenas tentava manter os ingleses distantes, mas, sem qualquer ilusão de poder resistir a um ataque alemão, empreendeu desesperados esforços para convencer Berlim de que os gregos não queriam o conflito desencadeado pela Itália. Reafirmava Metaxás a condição de neutralidade de seu país em relação ao grande conflito internacional, e pedia que, ao invés da invasão, a Alemanha passasse a exercer um papel de mediadora no conflito greco-italiano (Christides, 1971).

O "providencial" falecimento de Metaxás fez com que Korizys, seu sucessor, aceitasse a intervenção inglesa e cessassem os canais de comunicação com Berlim em busca de um acordo (Clogg, 1998).

Uma alta comissão britânica, incluindo Anthony Eden (Secretário do Exterior) e os Generais Dill e Wavell, visitaram Atenas em fevereiro de 1941.

Rapidamente, os dirigentes ingleses e gregos chegaram a um acordo e fixaram um plano defensivo. O general Wavell enviaria, sem demora, do Egito, uma brigada blindada e duas divisões de infantaria – uma australiana e outra neozelandesa – às quais, posteriormente, iam somar-se outra divisão australiana e uma brigada polonesa. Estas forças, juntamente com as unidades gregas situadas na frente da Bulgária, ficariam sob o comando do general inglês Wilson.

A 5 de março, partiram de Alexandria os primeiros transportes carregados com os tanques da 1ª brigada blindada. Esta corporação desembarcou no Pireu e, em 27 de março, alcançou suas posições de vanguarda sobre o rio Aliakmon, próximo a Thessaloniki no norte do país.

Posteriormente, incorporaram-se as unidades de infantaria. No total, os ingleses desembarcaram na Grécia cinqüenta e três mil soldados.

Os alemães, por sua vez, na noite de 28 de fevereiro, terminaram os preparativos para o ataque: as unidades de vanguarda de von List transpuseram o Danúbio e tomaram posições em território búlgaro.

No dia seguinte, o rei Boris aderiu ao pacto com o Eixo, enquanto Hitler, simultaneamente, realizava ativas gestões para obter o apoio da Iugoslávia. Finalmente, em 25 de março, o primeiro-ministro iugoslavo Dragisha Cyétkovic, sob orientação do Príncipe Paulo, regente do trono iugoslavo, foi a Viena e, na presença de Hitler e Ribbentrop, lavrou sua assinatura no pacto de colaboração.

Na Iugoslávia, porém, simultaneamente um fato novo levaria a uma mudança de planos: com o apoio popular, toma o poder – encabeçado pelo general de Dusan Simovi – um grupo numeroso e ativo de oficiais nacionalistas que se opunham à política de aproximação com a Alemanha.

Hitler recebeu a notícia da rebelião na mesma manhã do dia 27 e, furioso, comunica ao general Halder, chefe do estado-maior: "– É preciso realizar os preparativos necessários para aniquilar a Iugoslávia militarmente e como entidade nacional. Não se farão contatos diplomáticos nem se apresentará nenhum ultimato". A seguir, dirigindo-se a Goering, exclamou: "– A Luftwaffe deverá arrasar Belgrado, atacando-a por ondas de golpes".

Começava a chamada "Operação Castigo" contra a Iugoslávia. Antes de terminar esta dramática reunião, Hitler impôs a seus generais sua última deliberação: O início da operação Barbarossa, a invasão da União Soviética, terá de ser adiado por quatro semanas, em função da invasão da Grécia.

A notícia da rebelião ocorrida na Iugoslávia provocou grande entusiasmo nos círculos governamentais de Londres. Churchill, a partir disto – porém novamente sem êxito –, tentou construir um grande esquema de resistência nos Bálcãs, congregando a Grécia, a Turquia e a Iugoslávia. Os alemães, enquanto isso, completaram a concentração de suas forças nos Bálcãs. Em poucos dias, fazendo um esforço supremo, o general Halder, chefe do estado-maior do exército, conseguiu colocar em torno da Iugoslávia e da Grécia forças suficientes para empreender a invasão.

O ataque alemão à Grécia começou na manhã de 6 de abril de 1941. O 12º Exército, com vinte e quatro divisões e mil e duzentos tanques, comandado pelo general Liszt, atacou através da fronteira búlgara, lançando duas divisões de caçadores de montanha no ataque frontal contra as fortificações gregas, e com suas divisões blindadas envolvendo esta posição pelo oeste.

Desde logo se notou uma ação pouco coordenada entre os exércitos inglês e grego, dado o fato de que desde o início Eden e o general Papagos não se entenderam a respeito da estratégia de defesa (Boatswam & Nicolson, 1989).

As tropas gregas e o pequeno contingente de ingleses, australianos e neozelandeses lutaram heroicamente, porém sem êxito.

Toda a guarnição grega do forte Rupel, na fronteira com a Bulgária, lutou até a morte de todos os defensores, decididos a não se entregar. No dia 8 de abril, os tanques alemães entraram no porto de Thessaloniki e, no dia seguinte, as tropas gregas que defendiam a Linha Metaxás depuseram suas armas quando os invasores hastearam a bandeira da suástica no Monte Olimpo, a morada dos deuses na Antigüidade.

Um dos episódios mais degradantes e repudiados da invasão ocorreu quando o general Tsolakoglou, de maneira independente e desafiando ordens de resistir, assinou um armistício, deixando claro que se rendia aos alemães, mas não aos italianos, que seu exército havia vencido e humilhado aos olhos do mundo inteiro.

Alguns dias depois, em 20 de abril, o mesmo Tsolakoglou se ofereceria, então, para servir em um governo de ocupação, caso este fosse o desejo do Führer.

Enquanto isto, as tropas do general von Stumme deslocavam-se através do território iugoslavo e, no dia 10, desembarcaram na Grécia, pela passagem Monastir. Ali houve um choque com o que restava do exército grego, dos tanques da brigada blindada inglesa e das forças da infantaria australiana. Durante dois dias, os aliados resistiram aos violentos ataques alemães. Finalmente, o general Wilson, comandante-em-chefe britânico, resolveu ordenar o recuo das suas tropas. Atacado de frente pelas forças alemãs que vinham de Thessaloniki e ameaçado pelo flanco esquerdo pelas unidades de von Stumme, corria o risco de uma inesperada penetração das forças blindadas lhe cortar a retirada ao sul.

Em 18 de abril, em desespero pelo desenrolar dos acontecimentos, o primeiro-ministro Korizys suicida-se e deixa o país sem comando. Mesmo com seu ato de desespero final, Churchill o definiu como "um homem de claras e firmes convicções e inatacável vida privada".

No dia 15, com a melhoria das condições meteorológicas, a Luftwafe entra em ação e os aviões do 7º Corpo Aéreo do general Richtofen lançam-se em massa ao ataque por todo o país. Em sucessivas investidas, os Stukas bombardearam e metralharam as colunas de soldados e veículos britânicos que se retiravam pelas estreitas estradas para o sul. Com o caminho desimpedido, as unidades de von Stumme completaram sua penetração e, voltando-se velozmente para o oeste, envolveram pela retaguarda os exércitos gregos da Albânia que, tardiamente, haviam começado a sua retirada para território grego. Em 21 de abril, estas forças, que somavam cento e oitenta mil homens, capitularam. Assim, a vitória alemã ficou praticamente assegurada.

Por insistência do general Papagos, comandante-em-chefe das forças gregas – que acreditava ser, agora, inútil a permanência das forças britânicas e que isso só levaria a um bombardeamento incessante do país –, o general Wilson decidiu empreender sem demora a evacuação do corpo expedicionário inglês. Sustentando violentos combates com as forças do general Boehme, que marchavam em sua perseguição, as tropas inglesas convergiram para os portos e praias da Grécia. Ali os aguardavam os barcos da frota do almirante Cunningham e numerosas pequenas embarcações gregas militares e civis. A retirada foi extremamente dificultada pela explosão causada por sabotadores, em 6 de abril, no porto de Pireu, o maior da Grécia, impedindo o seu uso. Entre os dias 24 e 29 de abril, essa força naval conseguiu resgatar, debaixo do bombardeio incessante da Luftwaffe (que afundou vinte e um barcos gregos e cinco ingleses), cerca de cinqüenta mil soldados e conduziu-os, em sua maior parte, para a ilha de Creta, onde também procuraram refúgio o rei George II, da Grécia, o general Papagos, o novo primeiro-ministro Emmanouil Tsouderos e o restante do exército grego.

Pouco depois, com a brutal ocupação da ilha – iniciada em 20 de maio, com uma maciça operação aérea de bombardeio e pára-quedistas, conhecida como Operação Mercúrio (a primeira invasão aérea da história) –, o governo grego no exílio voou para o Cairo.

No dia 27 de abril, os tanques da vanguarda alemã entraram em Atenas e detiveram sua marcha ao pé da Acrópole, onde hastearam a bandeira com a suástica, talvez a mais triste foto que se tenha do Partenon, um local definido pelo próprio Hitler, alguns anos antes, como o símbolo da "cultura humana".

A Grécia caiu, assim, nas mãos dos nazistas em menos de 20 dias de *Blitzkrieg* (guerra-relâmpago).

A GRÉCIA DIVIDIDA

Por três anos e meio, o povo grego seria oprimido e impiedosamente tratado na dominação de seu território. Os duros anos de ocupação (*katochis*) são lembradas até hoje em exposições e canções dolorosas.

A Grécia conquistada foi dividida entre a Alemanha, a Itália e a Bulgária, com suas respectivas zonas de ocupação determinadas pelos alemães.

A Bulgária recebeu dos alemães a região oeste da Trácia e parte do leste da Macedônia, ao norte do país, abrindo aos búlgaros uma janela para o Egeu, tão desejada desde a guerra dos Bálcãs. A idéia de tornar eslava a região levou a uma limpeza étnica contra a população grega, com cenas de grande brutalidade, o que levou mais de cem mil habitantes da região a fugir para áreas de ocupação italiana. Ao mesmo tempo, colônias búlgaras eram ali assentadas.

Os alemães retiveram apenas poucas áreas do país, que consideraram estratégicas, como a ilha de Creta, o porto de Pireu, Thessaloniki e seu interior até as fronteiras com Albânia, Iugoslávia e Bulgária, bem como uma estreita faixa na delicada fronteira com a Turquia, incluindo as ilhas de Lemos, Lesbos e Chios, próximas à costa turca.

Todo o resto do país, incluindo as ilhas Jônicas e as Cíclades, além de Rodes e Kastelorizo, ficaram sob comando italiano.

O comando final do país, porém, passava pela decisão alemã, através de uma sucessão de governos fantoches, inicialmente sob a égide do general Tsolakoglou, escolhido por Hitler, cuja rendição fora tão conveniente aos planos alemães de invasão.

De nada adiantou o general grego tentar insistentemente convencer o Führer de que, com uma pequena força alemã de ocupação, o país se manteria em relativa calma, desde que os gregos pudessem constituir um governo relativamente autônomo. Contava Tsolakoglou com a simpatia entre os dois países, existente antes da guerra e, até mesmo, com as recentes declarações de admiração expressadas pelos alemães, pela bravura do exército grego diante da invasão italiana. E, por que não, com a proximidade familiar de muitos dos chefes alemães, já que a mãe de Rudolf Hess era grega e o honrado almirante Wilhelm Canaris, eminência parda da resistência alemã a Hitler, pertencia à tradicional família Kanaris de Atenas. O que os gregos não queriam – e Tsolakoglou não foi ouvido – era uma ocupação pelos odiados italianos e búlgaros.

Hitler preferiu honrar seus compromissos com seus aliados.

Além de não ter seu pedido atendido, os alemães impuseram desde o pricípio um regime duríssimo, saqueando os recursos agrícolas e industriais do país, e, ainda, num ato de extrema crueldade diante das condições graves de pauperismo, obrigando a Grécia a pagar os custos da ocupação.

Uma precoce conseqüência disso foi a devastadora fome ocorrida no inverno de 1941-1942, que matou entre cem e duzentas mil pessoas, principalmente crianças e idosos, seguindo-se uma grande epidemia de tifo.

A ZONA BÚLGARA DE OCUPAÇÃO E OS JUDEUS

As autoridades búlgaras e a Igreja Ortodoxa búlgara tiveram uma atitude extremamente positiva em relação aos judeus moradores na Bulgária, assumindo atitudes evasivas às seguidas pressões alemãs de confinamento e deportação.

Embora a atitude oficial do governo do rei Boris fosse anti-semita, os alemães acabaram desistindo de esperar atitudes mais práticas.

Na Grécia, porém, os búlgaros não tiveram a mais tênue atitude para proteger os judeus gregos da Macedônia e Trácia. Exatamente ao contrário, sua atitude foi francamente anti-semita. Como parte do plano expansionista de "bulgarizar" rapidamente a área ocupada, a população grega e judaica foram duramente tratadas.

Cerca de quatro mil judeus gregos foram entregues às autoridades alemãs já em 1941, no inicio do domínio búlgaro.

Em novembro de 1942, o governo de ocupação búlgaro instituiu entre os judeus as regras impostas pelas Leis de Nüremberg.

Judeus na zona ocupada pela Bulgária passaram a ser obrigados a usar a estrela de David, registrar-se junto com toda a sua família, declarar todos os seus bens e passar a habitar áreas restritas, com toque de recolher após as 5h da tarde.

Rapidamente foi proibida qualquer atividade comercial ou profissional, e as comunicações telefônicas foram vedadas aos judeus.

Em janeiro de 1943, foram confiscadas todas as jóias, dinheiro, prata, ouro e qualquer outro tipo de valor e, parte disso, depositado em nome do governo búlgaro no Banco da Bulgária.

Resgatar seus pertences desse butim tornou-se uma grande dor de cabeça aos sobreviventes do pós-guerra.

Os artigos valiosos foram separados em caixas segundo categorias e não de acordo com o nome de seu proprietário.

Algumas destas peças, em 1978, passaram a fazer parte do novo Museu Judaico de Atenas (Plaut, 1996).

Os búlgaros acumularam o equivalente a 257 mil dólares em dinheiro e outros 188 mil dólares, uma fortuna para os valores da época, como resultado da venda dos pertences domésticos.

Com essas apropriações, muitos oficiais búlgaros terminaram a guerra muito ricos (Chary, 1972).

Pouco depois da meia-noite de 3 de março de 1943, um feriado búlgaro, todos os judeus das cidades de Kavalla, Serres, Drama, Xanthi, Komotini, Alexandropoli (e das cidades menores e aldeias sob a administração búlgara) foram arrancados de suas camas, sem permissão de carregar roupas ou comida, e encarcerados.

O governo americano foi imediatamente informado pela inteligência grega e por informantes ligados à guerrilha do ELAS, mas nada foi feito.

Em 7 de março, após três dias sem receber qualquer alimentação, foram enviados para dois pequenos campos de concentração em Gorna Dzhumaya e Dupnitsa e, de lá, para Lom Limina, principal campo de concentração na Bulgária.

O consulado alemão de Kavalla enviou o seguinte relato à embaixada alemã de Sofia (Bulgária):

a deportação transcorreu sem dificuldades. A única coisa mais relevante foi a óbvia compaixão dos cidadãos gregos de Kavalla, Xanthi etc., demonstrada na partida dos judeus. Eles lhes ofereciam presentes e despediam-se deles de uma maneira intensamente afetuosa.

Fontes nossas confiáveis referem que alguns búlgaros, obviamente influenciados pelos comunistas, participaram desse revoltante espetáculo.

Quanto aos judeus, é possível dizer que, no mínimo, aceitaram sua deportação com sinais de indiferença (Matsas, 1997).

Todo o processo de deportação foi realizado por guardas búlgaros, com a supervisão de alguns poucos alemães.

O destino desses quase cinco mil judeus gregos permanece desconhecido. Há informações de que parte deles foi afogada nas águas do Danúbio, método utilizado em função da superlotação de Auschwitz, dada a chegada do grande contingente de prisioneiros de Thessaloniki.

Informações do Museu Lochmei HaGetaoh, de Israel, sugerem a chegada de judeus gregos, vindos da Bulgária, em 1943, para o campo de Treblinka, via Viena, provavelmente os sobreviventes dos afogamentos impetrados previamente.

Apenas sessenta e cinco ou setenta pessoas retornaram às suas casas após a guerra.

Assim, os búlgaros agiram tão "bem" quanto os alemães, fazendo sua tétrica lição de casa e recebendo nota dez com louvor na disciplina "Solução Final".

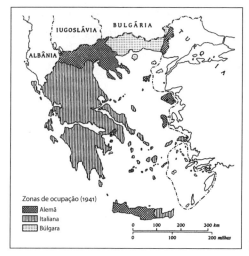

Zonas de ocupação nazista.

A ZONA ITALIANA DE OCUPAÇÃO

Quase toda a Grécia histórica – que inclui as províncias da Thessália, Grécia Central, Peloponeso e a Ática, além das ilhas Jônicas – estava sob tutela italiana.

Embora Mussolini tivesse introduzido as leis raciais na Itália, a autoridade militar italiana na Grécia, com o pretexto de que não havia uma clara orientação de Roma, não tomou nenhuma medida restritiva contra os judeus.

O sul da Grécia tornou-se, então, refúgio dos judeus que fugiam das regiões ocupadas ao norte por búlgaros e alemães.

Quando os alemães entraram em Atenas, em 27 de abril de 1941, Zaccaria Vital, o presidente da comunidade judaica, e outros membros do conselho judaico foram presos, interrogados e, poucos dias depois, liberados.

Moises Soriano, um judeu de Rhodes com cidadania italiana, foi nomeado intermediário entre a comunidade e o embaixador italiano Pellegrino Ghigi e o general Carlo Geloso, comandante italiano da zona ocupada.

No ano de 1942, quando os alemães iniciam seus procedimentos de perseguição aos judeus de Thessaloniki, o general Alexander Lohr solicitou o auxílio do general Carlo Geloso, orientando os italianos a tranferirem todos os judeus para a zona ocupada alemã. Geloso respondeu que, sem ordem expressa de seu governo, nada poderia fazer.

Os alemães protestaram ao Ministério Italiano do Interior, que consultou Geloso sobre a possibilidade. Esse, novamente, recusou-se a colaborar. Seu sucessor, o general Domenico Tripiccione, também respondeu negativamente à ulterior proposta alemã (Zuccotti, 1987).

Em 25 de fevereiro de 1943, Joachim von Ribbentrop encontrou-se com Mussolini no Palazzo Venezia. Ribbentrop estava indignado com o tratamento leniente que as autoridades italianas ofereciam aos seus judeus nos territórios que ocupavam, aceitando, inclusive, uma doação de três milhões de francos da comunidade judaica de Nice.

Após muitas discussões internas, Mussolini finalmente cedeu aos alemães em alguns itens:

1. Os judeus com nacionalidade italiana, onde quer que estivessem, deveriam receber o mesmo tratamento corrente na Itália.
2. Judeus de nacionalidade grega deveriam ser detidos e internados em campos de concentração nas ilhas Jônicas ou na Itália.
3. Judeus de nações amigas ou neutras deveriam ser orientados a retornar aos seus países.

Enquanto isso, a polícia alemã em Atenas passou a deter algumas das figuras mais destacadas da comunidade judaica e interrogá-las sobre diferentes questões do cotidiano, bem como sobre os contatos com organizações judaicas do exterior.

Então, impuseram à comunidade que recebesse e cuidasse de todas as necessidades (incluindo moradia e dinheiro) de quarenta refugiados judeus vindos da Europa Central. Os alemães, a exemplo do que fizeram em outros locais, como Thessaloniki, plantaram esses seus informantes no meio da comunidade e passaram a receber informações diárias.

Essas figuras misteriosas são virtualmente, até hoje, desconhecidos; alguns eram provavelmente *mischlinge* ou meio-judeus servindo ao exército alemão.

Apesar disso, a população judaica da região (incluindo a de Atenas) não sofreu maiores ameaças, mantendo seus direitos civis até 8 de setembro de 1943, quando, com a capitulação italiana, toda a região passa para o controle germânico.

Até este instante, os judeus do centro-sul da Grécia consideravam-se completamente gregos e estavam totalmente integrados à sociedade grega, na medida em que, ao contrário da região norte, as crianças judias estudavam em escolas gregas e cresciam sem uma vinculação religiosa tão rígida. Aulas de hebraico, por exemplo, ocorriam uma vez por semana, apenas aos domingos; e casamentos mistos com cristãos eram mais freqüentes (Molho & Nehama, 1965).

Os próprios judeus de Atenas, romaniotes ou não, acreditavam que o destino da comunidade judaica de Thessaloniki era conseqüência da postura individualista desta população que havia preservado sua língua, trabalho e educação completamente apartados dos outros gregos. Judeus sefarditas vindos de Thessaloniki, refugiados em Atenas, não conseguiram mudar a ilusão de segurança da comunidade local.

Oficiais nazistas em visita à Acrópole.

Algo parecido com o sentimento que os judeus romaniotes de Ioannina nutriam pelos sefardis de Thessaloniki, como citado anteriormente.

Cabe ressaltar que as forças italianas de ocupação tentaram proteger os judeus em território grego, facilitando a sua fuga ou fazendo vistas grossas à política alemã, da mesma forma que, em parte, ocorreu na Itália, sul da França, Tunísia, Albânia, Montenegro e na Croácia (Wistrich, 2002).

Mesmo nos territórios gregos ocupados pelos alemães ou búlgaros, algumas autoridades italianas tiveram uma participação honrosa, como foi o caso do consulado italiano em Thessaloniki, na figura do cônsul italiano Guelfo Zamboni e de seu principal oficial do consulado, capitão Lucillo Merci. Ambos protegeram todo cidadão judeu que evidenciasse qualquer ligação com a Itália, enviando algo como setecentos e cinqüenta judeus para o sul, prioritariamente para Atenas, no bairro de Nea Philadelfia, onde famílias cristãs gregas os escondiam, com a ajuda do embaixador italiano em Atenas, Pellegrino Ghighi (*www.olokaustos.org/geo/grecia*).

Uma passagem interessante do diário de Lucillo Merci refere-se a uma entrevista oficial que, em 5 de abril de 1943, o oficial nazista Dieter Wisliceny agendou com a "máxima urgência". Esclarecendo que era um fato de enorme gravidade, o alemão queixou-se de que soldados italianos foram vistos acompanhados e aos beijos com mulheres judias... atrapalhando o esforço de guerra.

A partir de 8 de setembro de 1943, após a rendição da Itália aos aliados, as tropas alemãs substituíram as tropas italianas e, em muitos locais, atacaram os soldados italianos que já haviam entregue suas armas, como no vergonhoso massacre da divisão Acqui na ilha de Kefalonia (retratado em *O Bandolim de Corelli* e no filme homônimo).

MORDECHAI FRIZIS

A vitória sobre os italianos e a resistência à invasão alemã durante a Segunda Guerra consagra vários gregos-judeus como heróicos combatentes em defesa do país. Cerca de treze mil judeus lutaram nas Forças Armadas gregas e, destes, 343 eram oficiais.

Um dos mais celebrados heróis gregos da Segunda Guerra Mundial foi o coronel Mordechai Frizis.

Nascido em Chalkis, na ilha de Eubéia, segunda maior da Grécia, esse filho de Jacob Frizis foi criado numa família numerosa (com mais onze irmãos e uma irmã) e, contrariando o desejo familiar de vê-lo como um pacato advogado em Atenas, preferiu seguir a carreira militar.

Frizis foi um dos vitoriosos comandantes que lideraram as forças gregas contra o invasor italiano em 1940, no Épiro, junto à fronteira albanesa, levando à derrota e recuo das tropas italianas, inclusive da temida Divisão Julia na batalha de Kalamas.

Sempre liderando seus homens montado em um cavalo branco, o coronel Frizis foi morto em 5 de dezembro, durante um ataque aéreo italiano, porque se recusou a desmontar e proteger-se, preferindo correr de um lado para outro de suas linhas aos gritos de *ayeras* ('coragem').

Na revista *Muestros*, Michael Schwartz conta que seus soldados, após o bombardeio, desolados pela perda de seu querido comandante, viram chegar rapidamente o também desolado padre ortodoxo do batalhão.

Mas o que fazer? O coronel era um judeu orgulhoso de sua tradição.

O padre não titubeou, colocou sua mão sobre a ensangüentada cabeça do coronel Frizis e olhando para o céu começou a rezar dizendo: "Escuta-nos, Ó Israel, o Senhor é nosso Deus, Há um só Deus...", passando então a ser acompanhado em suas preces pelos seus emocionados soldados.

Metaxás imediatamente declarou-o herói nacional, e várias ruas pelo país foram batizadas em sua homenagem.

Com a vitória alemã, muitos dos judeus gregos juntaram-se às tropas de resistência e continuaram combatendo nas montanhas.

Em 24 de outubro de 2002, após quase cinqüenta anos de solicitações junto à Albânia, a família – encabeçada por seu filho Jacob Frizis, de mais de 70 anos – recebeu o corpo do Coronel Frizis de volta (*Athens News*, 2002).

OS JUDEUS NA RESISTÊNCIA GREGA

Apesar da rendição do exército grego, nem o governo no exílio nem o povo grego aceitaram a ocupação italiana e alemã e búlgara.

A resistência urbana e rural assumiu várias formas, como o roubo de informações, a recusa em trabalhar na Alemanha ou em colaborar com as forças de ocupação, atos de sabotagem, demonstrações de protesto (como o de dois jovens estudantes que arriscaram suas vidas para arrancar a bandeira nazista hasteada na Acrópole e substituí-la pela bandeira grega), apoio e ocultação de soldados gregos, ingleses e de membros da resistência do EAM-ELAS.

Particularmente no campo, jovens de ambos os sexos partiram para as montanhas para unir-se à resistência. As montanhas, como Leon Uris descreveu muito bem, tornaram-se raivosas em substituição à antiga e pacata vida pastoral.

Bandos independentes de *ändartes* (*partisans*), formados por remanescentes das forças armadas regulares e bandos de irregulares, passaram a fustigar diariamente as tropas invasoras.

Inicialmente um movimento político urbano de esquerda, o EAM formou um poderoso exército controlado pelo Partido Comunista, o ELAS, que, sob o lema da *laokracia* ('lei do povo'), agregou todas as forças combatentes sob o comando de Athanássios Klaras, aliás, comandante Aris Velouchiotis, como ficou conhecido.

Mais acentuadamente nos últimos dois anos da guerra, com forças republicanas e leais à monarquia, o EDES (Ethnikós Demokratikós Ellinikós Sýndesmos – Liga Nacional Grega Republicana) começaria a rivalizar em número com o ELAS, sob o comando de Napoleon Zervas, o que após a guerra levará ao confronto de uma sangrenta guerra-civil.

Dos treze mil soldados judeus do exército grego, um número desconhecido juntou-se ao EAM-ELAS, e às tropas republicanas de resistência, recusando-se a voltar para casa.

Uma rede de informações confidenciais funcionou em Thessaloniki, onde oficiais alemães ocuparam muitas casas de famílias de classe-média judaicas. Algumas dessas famílias falavam – melhor, entendiam – alemão e repassavam as informações obtidas à rede de espionagem montada por Sam Modiano (descendente direto de Saul Modiano, o mais rico banqueiro do Império Otomano no século XIX) em plena embaixada italiana e, de lá, para o ELAS (Bowman, 2002).

A chegada da Missão Britânica a Haifa, sob o comando do brigadeiro Edmund Myers, abriu uma nova fase à resistência grega.

Tanto Velouchiotis quanto Zervas passaram a receber apoio logístico de Myers, um judeu sefardi cuja família havia imigrado para a Inglaterra no século XVII.

O capitão William Hammond, sob o comando de Myer, foi enviado à Grécia e, entre os anos de 1942 e 1944, participou de diferentes ações de sabotagem, comandando um grupo de judeus palestinos, como parte da cooperação entre o Sochnut (Agência Mundial Judaica) e o Serviço de Inteligência Britânico.

Em 1943, o número de judeus gregos nas tropas do ELAS é estimado em quinhentos, mas esse número pode ter chegado a oito ou dez mil até o fim da guerra.

Alguns deles atingiram o *status* de *kapetanos*, como Itzahak Mosheh (com a alcunha de Ritzos), Yehuda Levy (Pavlos), Roberto Mitrani (Hippokrates), David Broudo e Iddo Shimshi (Makkabaios), Moise Bello (Malearopoulos), Itzahc Imanuel, Marco Carasso (morto em combate), além das mulheres combatentes recrutadas entre o movimento socialista e comunista, como Daisy Carasso e Sarika de Eubéia (Bowman, 2002).

Na mesma ilha de Eubéia, o EAM requisitou os serviços de vários judeus de cidadania turca, como os irmãos Barki, para transportar judeus em seus barcos para a Turquia e, de lá, para a Palestina.

Por fim, é importante lembrar a participação heróica de judeus gregos na revolta do gueto de Varsóvia, em agosto de 1944, e de Auschvitz, em outubro de 1944.

CARNE KOSHER PARA A GUERRILHA

O rabino Leon (Yehuda) Pessah foi criado em Thessaloniki e, após terminar seus estudos religiosos, foi indicado como responsável pela comunidade judaica em Trikala, pequena cidade no oeste da Thessália, onde, em 1941, havia quinhentos judeus e uma escola judaica.

Em 1942, com a iminente chegada dos nazistas a Trikala, o rabino Pessah, sua esposa Gracia e seu filho Joseph foram removidos para as montanhas pelo ELAS, junto com outras famílias judias.

Aí, falando bem italiano, grego, francês e dialetos locais, o Rabino Pessah várias vezes serviu de pombo-correio entre vários grupos da guerrilha, cruzando longas distâncias entre as montanhas.

Tão logo ocorreu a chegada dos alemães, o povo de Trikala escondeu em suas casas a Torah e diferentes objetos da sinagoga; e o próprio rabino, durante três dias, quando ele corajosamente voltou à cidade, no meio da noite, para pegar sua faca *shochet*, necessária para o sacrifício adequado dos animais, mantendo assim a dieta *kosher* dos guerrilheiros judeus e de suas famílias (Museum of Jewish Heritage, 2002).

13. Duas Ilhas, Dois Filmes, Uma Guerra

Caro Dines,
 Visitei duas ilhas esta semana e acho que você deveria ver os dois filmes relacionados com os acontecimentos que estou lhe contando.

KASTELORIZO, A ILHA DO FIM DO MUNDO.

Os oito soldados italianos do filme Mediterrâneo *(1991), de Gabriele Salvatore, filmado na ilha de Kastelorizo (ou Meghisti), não quiseram abandonar essa última sentinela grega (onde, diz a Mitologia, Apolo criava seus rebanhos), a apenas 2,5km da costa da Turquia, esquecidos da guerra por cerca de três anos. O doce e insular esquecimento não ocorreu apenas pelo amor coletivo por uma morena estonteante, a atriz Vanna Barba (ex-miss Grécia), no papel da prostituta e, depois, da dona de taverna Vassilissa.*

Novamente, a exemplo do que ocorreu na Antigüidade com relação aos romanos, a Grécia dominada conquistou seu feroz conquistador. A frase de Horácio atualiza-se na figura do tenente Montini, que ensaia algumas frases em grego moderno, lê grego clássico, conhece Homero e demonstra sua reverência para com a cultura grega.

A frase "Grécia, tumba dos italianos", Aziz, o turco malandro e ladrão ("nunca se deve confiar em um turco"), a pequena igreja com seus ícones repintados com os rostos dos "atuais santos italianos", trazem de maneira bem-humorada referências históricas e culturais.

Essa ilha rochosa de grande beleza já chegou a ter quase quinze mil habitantes, mas a dominação turca (1512-1920), a opressão italiana na dominação do Dodecaneso, a partir de 1920, e os bombardeios e saques alemães durante a Segunda Guerra levaram aos menos de trezentos habitantes atuais, a maioria pescadores. Quase toda a população que sobreviveu a essas guerras seguidas emigrou, ao longo das décadas, para a Sidney, na Austrália, e Florianópolis, no Brasil.

Um bom amigo italiano me disse, certa vez, que a gruta de Parasta é mais bonita que a Gruta Azul de Capri. Sempre exagerados esses italianos!

Em frente à Kastelorizo, está a ilhota de Roque, até há alguns anos habitada por uma única pessoa, uma velhinha totalmente vestida de preto (como todas as velhas viúvas da Grécia) chamada Despina Achladioti, que, até morrer – com 92 anos – toda a manhã içava a bandeira grega.

Aliás, como eu não falei até agora, é importante lembrar que essas nossas velhinhas gregas (e que nesse ponto pouco diferem das outras velhinhas mediterrâneas) vestem-se (ou vestiam-se?) de preto após a viuvez, ou após a perda de alguém da família. Não há uma regra pré-estabelecida de por quanto tempo se deve manter o luto, mas muitas nunca mais o retiram.

Minha avó ficou viúva nos seus vinte anos e, para o orgulho (duvidoso, eu diria hoje) de meu pai, manteve-se de preto – e, é claro, sem sequer pensar em outra relação – até sua morte, próxima aos 80 anos de idade.

Aos homens cabem manifestações de luto menos rigorosas, como não cortar a barba por um mês, usar uma braçadeira negra ou vestir-se de preto por algumas semanas. Sábios, esses gregos.

KEFALLONIA E O CAPITÃO CORELLI

O livro, publicado pela editora Record, e o filme Captain's Corelli Mandolin *(O Bandolim de Corelli) não fizeram muito sucesso no Brasil. A recepção fria do filme, porém, não pode ser exatamente definida como injusta. O pathos necessário para o diretor John Madden (Shakespeare Apaixonado) e para a dupla central – Nicholas Cage e Penelope Cruz – não foi alcançado nem com os quarenta e sete milhões de dólares gastos no filme. Quem sabe, com um pouco mais do bom e caro vinho local – feito com o varietal Robola – isso pudesse ter sido obtido...*

Porém, em particular, o romance de Louis de Bernières fez um enorme sucesso internacional, principalmente na Inglaterra, onde foram vendidos mais de dois milhões de exemplares, permanecendo o livro cerca de duzentas e quarenta semanas na lista dos bestsellers.

No entanto, o entusiasmo com o livro – e o fato de ter colocado essa bela ilha jônica na imprensa mundial – não aplacou o que boa parte do povo grego sentiu como uma ofensa a um sentimento denominado philotimo, *que pode ser traduzido como "nossa pessoal e nacional dignidade". Bernières foi acusado de não conhecer a real história da dominação italiana, e posteriormente alemã, na Grécia, transformando os guerrilheiros dos grupos de resistência* EAM *e* ELAS *em meros bárbaros e sádicos comunistas. Algo que o filme atenuou, em função de perceber a reação negativa local, preferindo uma historinha anódina de um triangulo amoroso entre os dois protagonistas principais e o antigo noivo de Pelagia (Penélope Cruz), o guerrilheiro Mandras (Christian Bale).*

Muitos veteranos de guerra ainda vivos, em Kefallonia e em toda Grécia, ficaram indignados com algo que pareceu querer reescrever a historia de suas vidas, transformando-os não mais em heróis e, ao mesmo tempo, perdedores de tantas coisas materiais e familiares, mas em mons-

tros sanguinários. A mesma revolta ocorreu de maneira crescente na população grega como um todo, e entre historiadores gregos e ingleses.

Bernières, que sempre rebateu as críticas de maneira pedante, oferece um retrato simpático e afetuoso do ditador fascista grego Ioannis Metaxás, responsável por tortura, prisão e morte de opositores, no período que antecede à Segunda Guerra. É certo que os soldados italianos estavam longe da crueldade nazista e que muitos deles não eram fascistas e, após setembro de 1943, imediatamente se aliaram aos guerrilheiros gregos contra os alemães. Mas, transformar as forças italianas de ocupação – que vinham de uma campanha genocida na Etiópia – em um inocente grupo de pizzaiolos tocando tarantella *é, mais que ridículo, o extremo da banalização.*

O grupo ELAS, *uma grande frente ampla (com vários matizes de esquerda bem como liberais), lutou heroicamente durante a Guerra contra italianos e alemães e, depois, durante a Guerra Civil, contra um inimigo constituído por forças legalistas, inglesas e americanas, muito superiores em número e armamentos. Entre seus diferentes méritos históricos não se deve esquecer que, nas áreas liberadas, o* ELAS *iniciou – pela primeira vez em toda a história da Grécia – o voto feminino e teve participação decisiva no resgate de muitos judeus gregos, durante seu transporte para campos de concentração na Áustria e Alemanha. Bernières transformou-os em comunistas cruéis, sádicos e exploradores de camponeses.*

Essa visão, no mínimo reacionária e mal intencionada, contrasta com as placas e monumentos ao longo de toda a ilha e, em última análise, relembrando os mortos em combate ou executados.

Iassou *e* Shalom
Abraços
T.A.C.

14. O Fim dos Judeus em Thessaloniki, a Jerusalém dos Bálcãs

> *Em 1963, o escritor italiano Primo Levi publica* A Trégua, *em que descreve a ua libertação do campo de concentração de Auschwitz, onde foi prisioneiro de fevereiro de 1944 até o final de 1945. Quando – no romance autobiográfico de Levi ou no filme homônimo de Francesco Rosi (com John Torturo no papel principal) – os judeus de diferentes nacionalidades, libertados, desfilam com suas bandeiras, o orgulhoso grupo que desfila com a bandeira grega só poderia ser de Thessaloniki.*

Estudiosos que vêem o Terceiro Reich como uma máquina de guerra freqüentemente emperrada – pela burocracia e rivalidade entre os diferentes setores – subestimam muito o quanto a ss, a Wehrmacht e o Ministério do Exterior conseguiam trabalhar em conjunto.

O Holocausto dos judeus gregos é um dos mais tétricos exemplos dessa eficiência.

O início do fim começa quando, vinte e poucos dias após os nazistas terem tomado Thessaloniki, em abril de 1941, um grupo de pesquisadores (se é que se pode usar um termo tão asséptico para esse povo) do Rosenberg Sonderkommandos chega à cidade. Passa, então, a coletar toda a documentação necessária para o que estava por vir, mapeando os passos da população judaica em seu dia-a-dia, até que, no final do mesmo ano de 1941, essa documentação é enviada à Frankfurt, para o Institut zur Erforschung der Judenfrage (Instituto de Investigação da Questão Judaica).

Entre maio e novembro, foram visitados não menos do que quarenta e nove sinagogas, clubes judaicos, escolas, bancos, livrarias e bibliotecas judaicas, hospitais, e cerca de sessenta residências (Mazower, 1995).

Na revista *Odyssey* (1998), Konstantinos Kambouroglou conta como esses arquivos de Frankfurt tiveram um destino acidentado, passando pelo castelo de Alyhof, na Silésia, onde – até chegarem à Moscou, no final da guerra, por terem sido interceptados na Silésia pelo exército vermelho – os alemães os julgavam longe do acesso dos exércitos aliados. Na capital russa, por alguma estranha razão (ou simples incompetência ou desinteresse?), ficaram esquecidos no porão de algum edifício da burocracia do partido, até a queda do regime comunista, em 1989.

A confusão e o interesse gerados pelas descobertas desses e de outros arquivos secretos da KGB levou-os a serem vendidos a dois dólares a cópia, num fenômeno russo de mercado negro, no mínimo, macabro.

A pressão de organizações internacionais judaicas e não judaicas pelo respeito aos documentos, e tentando obtê-los, levou à realização de duas conferências em 1998: a primeira, em Londres, e a segunda, em Washington, com muitas discussões e sem qualquer resultado prático.

Mais recentemente, pressões do governo grego e do governo de Israel também não obtiveram até o momento um paradeiro melhor.

A liberação desses documentos pode pôr fim a uma discussão dolorosa não apenas para a comunidade judaica da Grécia, mas para todo o povo judeu sobrevivente do Holocausto e seus descendentes.

Papel chave nesta história foi desempenhado por Zevi (ou Zvi) Koretz, Rabino Chefe da comunidade de Thessaloniki.

A história de Koretz em Thessaloniki começa muito antes da Guerra, quando, no final dos anos 1930, durante uma visita do casal real grego à cidade, o velho Rabino Chefe da cidade declinou apertar a mão da Rainha (por razões religiosas), o que causou um certo incômodo político.

Os revisionistas da comunidade judaica aproveitaram a oportunidade para exigir um rabino moderno e ocidentalizado para substituir o velho rabino após sua aposentadoria, próxima de ocorrer.

Imediatamente, as comunidades sefardis da França e Alemanha foram contatadas, em busca, por toda a Europa, de candidatos que pudessem trazer tempos mais novos.

O escolhido, após várias injunções, foi um jovem e brilhante lingüista e orientalista, e também ardente sionista, o Rabino Dr. Zevi Koretz. Europeu do leste, Koretz fez seu doutorado na Universidade de Viena e permanecia conectado com várias instituições de ensino superior na Áustria e na Alemanha, como a Berlin Hochschule.

Ele concordou em visitar a cidade e assinou um contrato para ser o Rabino Chefe por cinco anos, que posteriormente foi renovado (Bowman, 2002).

A participação ulterior do rabino Zevi Koretz no comando

da comunidade judaica de Thessaloniki já foi definida de muitas formas, desde constituir um franco colaboracionismo com os alemães, até como inapta, covarde, arrogante ou, no mínimo, ingênua para as necessidades da época. Vários sobreviventes acusam-no de ter facilitado e oferecido informações ao comando nazista. Em pelo menos duas ocasiões, Koretz rejeitou propostas da guerrilha comunista grega EAM-ELAS de, através de ações terroristas, resgatar o maior número possível de judeus e levá-los para as montanhas, onde se ocultariam entre os *partisans*. Mesmo aqueles que desmentem esse colaboracionismo, concordam que o rabino, com sua personalidade rígida, tentou adaptar-se às regras, como uma forma de sobrevivência, e não aceitou opiniões discordantes de nenhum membro da comunidade. "A comunidade não precisa de conselhos e sim de trabalho", era a ríspida resposta do rabino às tentativas do Comitê Central Judaico de discutir a situação, em particular depois da transferência para os guetos. E trabalho não significava outra coisa que não fosse obediência cega, sem objeções, discussão ou atraso em cumprir as ordens vindas da Gestapo. Lembram, os sobreviventes, que sua erudição vaidosa dificultava todos os diálogos e entendimentos, a ponto de alguns sobreviventes contarem que, quando Koretz percebia de alguém uma recusa em obedecê-lo cegamente, chegava a ameaçar chamar a Gestapo para cuidar do suposto oponente.

Várias acusações não confirmadas dizem respeito à entrega de listas de moradores judeus, em troca da garantia de que ele e alguns apaniguados mais importantes da comunidade não seriam expatriados; ou o seriam por último e não enviados à Polônia (Auschwitz-Birkenau e Dachau), mas para Bergen-Belsen, um campo onde não havia câmaras de gás.

Apesar disso, é claro que não é necessário recordar que Bergen-Belsen – dirigido pelo oficial da ss Josef Kramer, conhecido pela carinhosa alcunha de a Besta de Belsen – não era nenhum lugar bucólico. Foi em Bergen-Belsen que Anne Frank e sua irmã Margot morreram de tifo, poucas semanas antes da libertação do campo. Dos quarenta mil prisioneiros libertados em 15 de abril de 1945 pelas forças britânicas, mais da metade – vinte e oito mil – não conseguem sobreviver, como ocorreu com o próprio rabino Koretz, que faleceu cerca de cinco semanas depois, acometido pela mesma doença.

Outros mais, preferem ver o rabino como um ingênuo. Uma corte israelense no pós-guerra também achou melhor considerá-lo como um *naif*, um inocente útil que acreditou que, cedendo tudo, dinheiro, colaboração, o antigo cemitério judeu de mais de quatrocentos anos para a destruição nazista, e criando mecanismos de controle sobre a comunidade, a Judenrat ou Conselho Judeu (o que de fato estimulou a delação e a rapinagem como em outros países), conseguiria sucesso na preservação de seu povo.

Ninguém acredita que o melhor dos timoneiros pudesse ter livrado sua comunidade do pior, porém é importante lembrar que a deportação dos judeus gregos – não só de Thessaloniki, mas também de Atenas, Volos, Patras, Florina, Veria e outras cidades – deu-se já mais para o final da Guerra.

É, pois, difícil imaginar que nada se soubesse sobre o destino de seus irmãos do resto da Europa, que foram enviados para os campos de extermínio sob falsas alegações, o que teria oferecido algum tempo para a organização mais adequada das fugas ou uma maior colaboração com a guerrilha grega, já nessa época bem estruturada. Mas igualmente parece que divisões entre os próprios judeus podem ter dificultado uma mais rápida mobilização. De acordo com Joseph Nehama (citado por Rae Dalven), eminente estudioso da história dos judeus de Thessaloniki, mesmo após a deportação destes, a comunidade judaica de Ioannina não parecia preocupada, acreditando que aquilo se fizera por uma vingança de Deus, "eles [os judeus de Thessaloniki] não respeitam o Shabbath [...] Deus ama seu povo e não há razões para puni-lo". O mesmo líder que deu essas declarações, ao ser aconselhado pela guerrilha grega a fugir, sorriu desdenhoso.

Mas voltemos ao conhecido. Durante mais de um ano, nada aconteceu, e muitos membros da comunidade judaica passaram a acreditar que um povo que produziu Beethoven, Goethe e Heine não poderia ser tão ruim assim. O confisco de documentos da comunidade era fato que também ocorrera com os documentos do governo grego, e o aprisionamento dos membros do Comitê Executivo Judaico, entre eles o destacado parlamentar Alberto Chenio, também não livrara outros notáveis da cidade.

Na metade de maio, todos foram soltos.

A situação, apesar da Conferência de Wannsee e de seu protocolo secreto de 20 de janeiro de 1942 (e do que já ocorria na Alemanha, na Rússia e na Polônia), parecia muito calma ainda (Roseman, 2002).

Com detalhes, o médico judeu Isaac Aaron Matarasso testemunhou o que viveu nos primeiros tempos da ocupação alemã. Nascido em Thessaloniki, em 1894, Matarasso conseguiu escapar do Holocausto por estar casado com uma cristã. Como médico, foi um dos pioneiros a examinar os primeiros sobreviventes que retornavam dos campos de concentração e relatar o seu horror com as experiências realizadas em Auschwitz a partir de janeiro de 1945. Seu livro foi o primeiro relato em grego do Holocausto e teve forte influência na opinião pública do país.

Em 8 de Abril de 1941, um pouco após o meio dia, a população de Salônica estava atormentada e surpresa em ouvir que a cidade havia se rendido aos alemães, que entraram na cidade no dia seguinte. [...]
Não obstante [o medo], durante todo o dia de 9 de Abril e durante os dias seguintes, os alemães não anunciaram nenhuma medida especial contra os judeus. Nada sobre discriminação racial foi mencionado em qualquer um dos diferentes pronunciamentos à população de Salônica e todos os civis, sem exceção, foram orientados a abrir suas lojas, escritórios etc. e retomar o trabalho calmamente.

Os judeus respiraram aliviados, abriram suas lojas e escritórios e, pouco a pouco, esqueceram seus pressentimentos sobre sua sentença de morte (Matarasso, 2002).

Os dias passavam em absoluta calma. Eventualmente, algum incidente considerado pequeno, algum abuso na rua, oficiais alemães pegando coisas nas lojas de judeus e se recusando a pagar. Coisas pequenas, casos isolados, casas tomadas para dar lugar aos oficiais, com o tempo foram se tornando mais freqüentes, mas não a ponto de preocupar os judeus: "Malária é sem dúvida melhor do que a morte", dizia um provérbio judaico local.

O ano de 1941 passou, assim, em relativa calma, sem atos sistemáticos de agressão, exceto a obrigação de entregar todos os rádios para o comando alemão (Kommandatur) e da indicação, pelos alemães, de Saby Saltiel – uma figura honesta porém pouco representativa – como Presidente da comunidade e, diante do governo alemão de ocupação, responsável por todos os judeus da Grécia (Yacoel, 2002). Saltiel deveria comparecer ao escritório da Gestapo diariamente, receber ordens e tratar de cumpri-las imediatamente.

Até que, no Shabbath de 11 de em julho de 1942, numa manhã extremamente quente, o administrador alemão da cidade Maxmillian Merten e o comandante da Wermacht general von Krenski ordenam que todos os judeus homens, entre 15 e 45 anos, com exceção dos de nacionalidade italiana e espanhola, compareçam à Platia Eleftherias (Praça Liberdade) para "um pequeno treinamento físico" e registro. Cercados de soldados armados, cerca de oito mil e quinhentos homens foram obrigados a proceder a exercícios físicos forçados, um verdadeiro ritual de humilhação, durante mais de 6 horas, debaixo do sol escaldante. Qualquer interrupção por cansaço ou mal-estar físico era punida com espancamentos e pontapés. Soldados alemães atacaram com seus *bulldogs* algumas das vítimas, que tentavam uma pausa para fumar ou usar um chapéu para proteger-se do sol.

Enquanto tudo ocorria, alojada nos hotéis e apartamentos ao redor da praça, uma torcida organizada e enfurecida, constituída de soldados e oficiais, além de jovens atrizes do grupo de teatro

11 de julho de 1942: Homens judeus sendo obrigados a exercícios forçados pelos soldados alemães.

militar Kraft durch Freude (Força através da Alegria) aplaudiam freneticamente, tiravam fotos, e pediam mais (Matarasso, 2002).

Nos dias que se seguiram, há o registro de óbitos por hemorragia cerebral e infarto.

No mesmo dia – e nos seguintes – intelectuais e figuras públicas da cidade foram ameaçados pela Gestapo e orientados de que nenhum comentário sobre maus-tratos contra os judeus deveria circular.

Poucos dias após, quando ainda se recuperavam do tremendo esforço físico, foram novamente convocados para trabalhar na construção de estradas e aeroportos militares que a Wermacht construía na Macedônia, junto com duas empresas alemãs que exploravam os judeus como mão-de-obra gratuita, a I. Muller e a Bauteitung.

O trabalho escravo e a ração alimentar reduzidíssima – 100g de pão e uma sopa rala de repolho por pessoa por dia – levaram muitos a apresentar diarréias, insolação e aumento dos casos de malária. Após semanas de negociação, sete mil trabalhadores judeus foram liberados, após uma soma não conhecida ter sido paga às autoridades alemãs. Estima-se que cerca de três bilhões de dracmas (aproximadamente 150 mil dólares na época) foram pagos a Max Merten, o responsável militar pela população civil, após acordo com o rabino Koretz. Merten prometeu que, com esse valor, poderia contratar trabalhadores especializados, e que, com essa manifestação de boa vontade da comunidade, poderia convencer Berlim de que não havia razões para aplicar o programa racial contra os judeus em Thessaloniki.

Paulatinamente outras medidas aparecem: os judeus são expulsos de suas lojas do Mercado Judeu (*Plasa*), na rua Vasileos Irakliou, e em dezembro começa a destruição – que durou alguns meses – do grande cemitério judaico no lado leste da cidade, com cerca de 400 anos de existência.

Seguiram-se a desapropriação das lojas de vidros, de metais, e da famosa loja de cristais H. Benrubi.

Em 9 de novembro de 1942, o jornal grego *Nea Evropi* (Nova Europa), controlado pelos alemães e dirigido pelo anti-semita grego Nicholas Kanimonas, em manchete com letras garrafais, publica a declaração de Hitler de que "o judaísmo internacional vai desaparecer da Europa".

Em dezembro de 1942, o Rabino Koretz é nomeado presidente da Comunidade pela Gestapo, apesar da oposição do Comitê Central de que Koretz substituísse Saltiel. O rabino recusou-se terminantemente a seguir a opinião de seus pares e retornou do escritório da Gestapo com um documento assinado dando-lhe essa autoridade (Yacoel, 2002).

Em 1943, chega de fato o Holocausto, após uma visita de assessores de Adolf Eichmann a Thessaloniki, em janeiro, quando os alemães passam a exigir que os judeus que ainda detinham alguma propriedade colocassem na porta de seu estabelecimento ou de sua casa a estrela judaica em local visível (com a inscrição *Jude*, em alemão e *Evraios*, em grego). Em fevereiro, iniciam a divisão dos judeus em três guetos, completada em 25 de fevereiro, e quase que imediatamente iniciam a deportação em massa para Auschwitz e a destruição de todas as sinagogas e escolas.

Durante o julgamento de Max Merten, em 1961, em Berlim, o acusado contou detalhes da reunião ocorrida entre Eichmann e alto comando alemão em Thessaloniki. Relembra que não houve objeções quando Eichmann lhes comunicou que, por ordem de Hitler, todos os judeus da cidade deveriam passar a usar a faixa amarela que os identificava e que todos os seus bens materiais deveriam ser confiscados. As objeções de quase todos os presentes se deram quando, por fim, Eichmann declarou iniciado o processo de envio da população judaica para os campos de concentração. Vários presentes ponderaram que boa parte da população que trabalhava no porto era judia e que a remoção desses trabalhadores prejudicaria imensamente os envios de suprimentos para Rommel, então no Egito. Nem a ameaça de paralisação do porto de Thessaloniki demoveu Eichmann de sua missão: com um gesto de mão, pediu a todos que se calassem.

De março a agosto desse ano, dezenove comboios blindados, com cerca de duas mil e quinhentas pessoas cada um, levaram os prisioneiros para a morte, sob a direção de dois chefes da ss – Dieter Wisliceny e Alois Brunner – que chegaram a Thessaloniki em fevereiro de 1943. Eram assessorados por um intérprete, o armênio Hagop Boudorian, durante muitos anos espião da ss na cidade.

Errikos Sevillias, um dos sobreviventes, descreve Wisliceny como "um homem à primeira vista gentil e delicado, como um professor ou um escriturário, especialmente quando vestia roupas civis. No entanto, quando se tornava irritado, atuava cruelmente, sem piedade [...]" (Mazower, 1995). Quando, com o auxílio de Boudorian, entrevistavam um rico comerciante, um banqueiro, fazendeiros ou colecionadores, a pergunta era sempre a mesma: "Onde está o seu ouro?" Se a resposta não fosse satisfatória, o espancamento começava e a mensagem final também era invariável: "Em 24 horas, você deve trazer aqui o que puder em ouro, tapetes, ou coleção de selos" (Matarasso, 2002).

Em março de 1944, Wisliceny parte para Budapeste, para juntar-se ao grupo especial encarregado por Eichmann para a deportação dos judeus húngaros. Após a guerra, foi condenado à morte pelos seus crimes na Checoslováquia e fuzilado em 1948.

Seu parceiro de sadismo, o austríaco Brunner, um dos mais cruéis "especialistas" em assuntos judaicos, angariou tanta simpatia por sua "eficiência" em Thessaloniki, que, com sua equipe de ss, foi posteriormente enviado para o sul da França, em 1943, para dar cabo de uma missão idêntica, que o governo colaboracionista francês não conseguia resolver. Durante seus dois julgamentos à revelia (em função de sua ausência), levantou-se o assustador numero de vinte e quatro mil judeus franceses por ele enviados para o campo de concentração de Drancy, na França, e de lá para campos de extermínio na Alemanha e na Europa oriental (*www.diplomatiejudiciaire.com*, 2002).

Declarando que crianças judias seriam "futuros terroristas", ele enviou mais de trezentas crianças em um vagão de carga para Auschwitz, em agosto de 1944, apenas poucos dias antes da libertação de Paris. A maioria dessas crianças foi morta em câmaras de gás ou em experiências "médicas" no notório bloco 10, também chamado de a quintessência de Auschwitz, centro dos projetos "médicos" com prisioneiros (Lifton, 1986).

Brunner, segundo fontes judaicas, estaria vivo há até poucos anos e gozando das benesses de uma hospitalidade em Damasco, na Síria, sob o falso nome de Georg Fischer.

Apesar de vários apelos de autoridades israelenses, austríacas, alemãs, gregas e francesas – incluindo o Presidente Jacques Chirac em sua visita à Síria em 1996 –, ele não foi localizado (The Simon Wiesenthal Center, 2002).

As notícias hoje são desencontradas, as autoridades sírias negam sua presença em qualquer parte do território sírio; fontes outras, inclusive sua filha, na Áustria, dizem que morreu, e até um jornal uruguaio, *El País*, já o identificou vivendo em algum lugar da tríplice fronteira entre o Uruguai, a Argentina e o Brasil.

Negar que Alois Brunner tivesse vivido em algum momento na Síria é uma grande bobagem (aliás, a língua grega deu ao mundo uma palavra melhor para isso: hipocrisia). Em Damasco, ele concedeu três entrevistas sobre seu passado: para a revista alemã *Bunte*, em 1985; para o *Chicago Tribune*, em 1987; e para o periódico austríaco *Halt*, em 1988, em que insistia dizer ter sabido das câmaras de gás apenas após a guerra (Weber, 1990).

O fato é que, aparentemente, a dupla era tão eficaz na solução da questão judaica, que, em 16 de fevereiro de 1943, Himmler ordenou que seu comandado, o chefe das ss na Grécia general Jürgen Stroop, abandonasse essa tarefa, já quase consumada, e partisse rapidamente para Varsóvia, para arrasar a insurreição do gueto (González-Arno, 2003).

Mas voltemos ao Egeu.

MAUTHAUSEN

A escritora Gail Holst-Warhact, em seu artigo "Songs of Suffering", na revista *Odyssey* de 1995, conta como foi o concerto de Mikis Theodorakis com a cantora grega Maria Farantouri, realizado no antigo campo de concentração de Mauthausen, na Áustria, e alguns dos detalhes sombrios do local.

A necessidade de extração de granito, abundante na região, para embelezar a cidade natal de Hitler, a proximidade com o Danúbio e uma ferrovia tornaram esse local ideal para a construção de um campo de concentração.

Mauthausen, para onde cerca de cinqüenta mil judeus gregos de Thessaloniki foram enviados para morrer, junto com Treblinka, Dachau e Auschwitz-Birkenau, era uma das jóias mais preciosas de Heinrich Himmler.

Alguns dos sobreviventes – gregos comunistas e gregos judeus – vivamente se lembram de duas cenas passadas em Mauthausen. A primeira ocorreu na noite de 2 de fevereiro de 1945, quando cerca de quinhentos prisioneiros de todas as nacionalidades, porém predominantemente russos, conseguiram fugir, na maior fuga em massa de toda a guerra. Os guardas da ss, fortemente reforçados pelos habitantes dos vilarejos próximos, armados de rifles, facas, martelos, foices e com seus cães iniciaram o que eles próprios – guardas e camponeses – denominaram "*muehliviertler hasenjagol*" [*Mühleviertler Hasenjagd*] ou "a caça ao coelho".

Até onde se sabe, dessa caçada macabra sobreviveram apenas nove dos "coelhos". Os outros foram mortos à bala, degolados, espancados até a morte, ou destroçados pelos cães.

A outra quando, em 6 de abril de 1945, os guardas anunciaram aos prisioneiros do campo que estavam livres e que poderiam ir. Mas, ao iniciarem sua saída atravessando os portões, os guardas da ss postados, hieráticos, abriram fogo, matando centenas de prisioneiros, quatrocentos gregos entre eles.

Quando os tanques da 11ª divisão do 3º Exército do General Patton chegaram a Mauthausen, foram recebidos por milhares de esqueletos humanos ainda vivos, exibindo bandeiras checas, polonesas, espanholas, russas, inglesas e gregas habilmente escondidas durante meses. Muitos desses homens viram a liberdade por poucos dias, morrendo de tifo, inanição – ou realimentação inadequada – antes da repatriação. Dos quase setenta mil prisioneiros libertados, 658 eram gregos, 486 prisioneiros políticos e 169 judeus.

Antes da Guerra, moravam algo como setenta e cinco mil judeus em Thessaloniki. Hoje, a colônia judaica daquela que foi considerada a Yerushalim del Balken não chega a duas mil pessoas, um extermínio que não aconteceu em outras cidades, graças aos esforços do povo grego como um todo.

É importante, nesse momento, recordar que gregos não judeus arriscaram e ofereceram sua vida no auxílio de seus compatriotas e opuseram-se à barbárie nazista.

No Yad Vashem, o museu do Holocausto em Jerusalém, cristãos que ajudaram a salvar a vida de judeus durante a perseguição nazista são homenageados. Entre esses *goys* está o nome do médico grego Costas Nicolaou. A história começa na terra natal de Nicolaou, em Preveza, na região do Épiro, noroeste da Grécia. Conta essa "estória" – meio história, meio lenda popular – que os primeiros judeus do Épiro habitaram a região após o naufrágio de uma galé romana que os transportava como escravos para Roma. Mas a nossa história é mais certa, como era certa a amizade juvenil de Isaac Cohen, ganhador de 3 medalhas de ouro e uma de bronze pela equipe olímpica da Grécia e seu amigo, o futuro médico Constantinos Nicolaou, dito Costas.

Anos mais tarde, durante a Guerra, já em Atenas, o médico e sua esposa, o ex-atleta e sua jovem mulher Dora Cohen mantêm uma forte amizade.

Em 1943, com a derrocada dos italianos e a tomada de comando de Atenas pelos alemães, Eichmann envia Wisliceny a Atenas e exige que todos os judeus da cidade sejam imediatamente mandados para Auschwitz. Os judeus passam a ser vigiados de perto e são obrigados a referir endereço fixo e a se apresentar semanalmente junto ao comando nazista da capital.

Cohen coloca sua sorte e de sua mulher e dois filhos nas mãos de amigos da resistência grega e, imediatamente, o casal se transforma nos ortodoxos gregos George e Dora Hilas.

O cerco se fecha paulatinamente, e Nicolaou faz os arranjos

para a fuga dos Cohen e de um grupo de judeus, primeiro para a Turquia e posteriormente para a Palestina. Conta Dan Georgak, na revista *Odyssey*, que, quando o grupo chegou a Marathona, o mau tempo impediu a aproximação adequada do barco francês que iria retirá-los e, quando tudo parecia perdido pela aproximação de patrulhas alemãs, surge um novo herói, o comandante da resistência local Vasilis Persedis, cognome Capitão Avyerinos, que orienta a fuga, comanda a população local para abrigar os fugitivos e dá-lhes guarida até o retorno do vaso francês. Persedis também foi, quatro décadas depois, nomeado um gentio justo no Yad Vashem.

Os exemplos são incontáveis.

Igualmente nessa época, não há registros de *pogrom* contra judeus pelas populações locais gregas, como vergonhosamente ocorreram em outros países, particularmente na Polônia, Eslováquia, Croácia, Lituânia e Romênia, onde o tratamento dispensado aos judeus era semelhante à brutalidade alemã.

A dedicação da população civil no auxílio aos seus irmãos judeus só pode ser comparada ao esforço de dinamarqueses e holandeses com o mesmo objetivo.

A IGREJA ORTODOXA E O HOLOCAUSTO

A Igreja Ortodoxa Grega foi, durante a ocupação das forças do Eixo (1941-1944), o maior elemento político e social da Grécia.

A Igreja tem, ainda hoje, uma relação estreita com o Estado, dado o fato de não haver uma separação oficial entre a Igreja e o Governo grego, levando a uma forte presença de membros do clero na vida pública, participando intensamente do que se refere como "identidade grega" (Margaritis, 2002).

Como vemos, se na Igreja Oriental não havia um disseminado anti-semitismo, a exemplo do que ocorria na Igreja Católica do Ocidente durante o domínio otomano, no entanto alguns clérigos reforçavam dificuldades de relacionamento entre as duas comunidades que competiam comercialmente.

O mais notável exemplo envolve os sermões (*didaches*) de Cosmas Aitolos (1714-1779), famoso pregador do século XVIII e feito Santo da Igreja Ortodoxa Grega, comemorado no dia 24 de agosto. Em seus discursos, os judeus eram tratados como agentes do Diabo, em constante guerra contra Deus, a Igreja e o Cristianismo.

É necessário lembrar que essas acusações ocorrem no meio de uma verdadeira guerra comercial, uma encarniçada disputa (estimulada pelos muçulmanos) entre o sábado e o domingo como o dia do repouso e proibição para o funcionamento do *bazaar* (Margaritis, 2002).

Mas a ruptura entre as duas comunidades ocorreu, fundamentalmente, em abril de 1821, quando o Sultão, durante o movimento de Independência da Grécia, manda enforcar o Patriarca Gregorius V. Em Constantinopla, por todas as partes da Grécia que iam se libertando, e em Odessa, onde o corpo do Patriarca foi finalmente enterrado, os judeus foram acusados de, primeiro, traí-lo, entregando-o aos turcos e, depois de sua morte, de ter profanado o cadáver.

A revolta contra os judeus e a perseguição a eles, como vimos muito próximos aos turcos, foi uma das características do espírito revolucionário grego da época.

Embora o baixo clero ainda divulgasse idéias anti-semitas e não interferisse em manifestações desta ordem ocorridas em Corfu (1890) e, em 1931, em Thessaloniki (incêndio do bairro

Campbell), a posição oficial da Igreja era de congraçamento entre a fé ortodoxa e a judaica.

Essa aparente "neutralidade" se manteve presente até que, durante a Segunda Guerra, a Solução Final fosse iminente.

Em 25 de fevereiro de 1943, quando os judeus de Thessaloniki foram confinados em guetos e tornou-se obrigatório o uso da estrela amarela, a posição da Igreja ortodoxa mudou.

Muito diferente do Papa Pio XII, recentemente agraciado com a alcunha nada lisonjeira de O Papa de Hitler (Cornwell, 2000), a Igreja Ortodoxa Grega teve, a partir daí, um papel honrado ao longo de todo o conflito.

De fato, enquanto a Igreja Católica silenciou diante das atrocidades, ou pior, apoiava abertamente a verdadeira limpeza étnica que a Ustashe fascista estava empreendendo na Croácia contra dois milhões de sérvios ortodoxos, judeus, ciganos e comunistas, a Igreja Ortodoxa Grega fornecia um número desproporcional de falsos atestados de batismo aos judeus, muito anteriores ao início do conflito, tornando-os "ortodoxos cristãos" e auxiliando na fuga de muitos deles. Por toda a Grécia, em suas homilias, os padres passaram a protestar contra as perseguições e a conclamar os fiéis a ajudar o povo de Israel.

Os bispos Gregorios de Chalkis e Genadios de Thessaloniki esconderam centenas de judeus e inúmeras Torás nas dependências das igrejas de ambas as regiões.

ILHA DE ZAKYNTHOS

Em meio ao Holocausto, a ilha de Zakynthos, na costa oeste da Grécia, ofereceu uma história rara, quase cinematográfica de final feliz.

Em Zakynthos, em 1944, quando os nazistas exigiram do Bispo Chrysostomos e do prefeito Loukas Karrer a lista completa e residência de 257 judeus residentes na ilha, ambos disseram que poderiam fazê-la e apresentá-la em um dia.

No dia seguinte, ambos, diante do oficial alemão, tentaram demovê-lo da idéia, inicialmente argumentando que não havia nenhum judeu na ilha.

Em vão.

O Bispo replica: "Estes homens não são cristãos, mas vivem aqui há séculos em paz e harmonia. Nunca ofereceram qualquer problema a ninguém. Eles são gregos, tal qual outros gregos. A saída deles irá nos perturbar muito".

Novamente em vão, novas ameaças e exigência mantida.

O Bispo, então, parece ceder: "Então você quer a lista? Tome-a..."

Quando o documento foi entregue, havia apenas dois nomes: Bispo Chrysostomos e prefeito Loukas Karrer.

Em altos brados, o Bispo desafiou o comandante nazista local: "Eis os seus judeus. Se você quiser deportar os judeus de Zakynthos, pode começar por mim e eu dividirei com eles o mesmo destino".

Enquanto tramavam este ato de insubordinação, montaram uma tão bem armada rede de proteção e ocultamento no campo, que, ao final da Guerra, era possível contar 257 sobreviventes: 100% de sucesso (Simon Wiesenthal Center, 2002).

Há alguma evidência de que Chrysostomos teria se comunicado com o próprio Hitler, para pedir pela vida dos judeus da ilha. Infelizmente, um terremoto devastador que atingiu a ilha em 1953 destruiu todos os arquivos, impossibilitando a comprovação.

O primeiro navio a chegar em Zakynthos com ajuda humanitária para as vítimas do terremoto veio de Israel, com a seguinte mensagem:

"Os judeus de Zakynthos nunca esqueceram seu prefeito e seu amado bispo e o que fizeram por nós".

Loukas Karrer e o Bispo Chrysostomos também receberam do Yad Vashem o título de Justo entre os Povos.

ATENAS (ATHÍNAI)

Em Atenas, o arcebispo Damaskinos, a mais alta autoridade religiosa grega, junto com outros 27 proeminentes líderes culturais e acadêmicos gregos, subscreveu uma carta rude às forças de dominação contra qualquer ato contra os judeus gregos, salientando que os laços fraternos entre a Igreja Cristã Ortodoxa e o povo judeu não poderiam romper-se.

Em toda a Europa ocupada, esta carta é única em seu teor e na coragem nela existente.

Entre outros atos de coragem do arcebispo ateniense, consta a colaboração na fuga do Grande Rabino de Atenas Elias Barzalai, que, em algum momento entre o dia 23 e 25 de setembro de 1943, escondido dentro da limousine do clérigo ortodoxo, conseguiu chegar às milícias do EAM-ELAS. Alguns dos judeus que chegaram a alcançar as forças de resistência juntaram-se aos guerrilheiros enquanto outros, numa cooperação com a Histadrout, a Federação de Trabalhadores Judeus, era transportada por barco para Esmirna e de lá para a Palestina.

Cabe igualmente à Igreja Ortodoxa Grega ter evitado, em 1943, o envio de todos os ciganos gregos para o campo de Auschwitz, mais uma vez através de pressões exercidas pelo mesmo Arcebispo Damaskinos (Fraser, 1997).

A resistência da sociedade grega, aliada à ação da Igreja, tornou um verdadeiro fracasso a tentativa alemã de repetir em Atenas – claro que em menor escala – o que ocorreu em Thessaloniki.

A irritação de Eichmann com o trabalho de Wisliceny em Atenas foi tamanho, que, em janeiro de 1944, ele é removido, para algum lugar onde ele possa expressar melhor "seus sentimentos filantrópicos".

CORFU (KÉRKIRA)

A ancestral comunidade judaica de Corfu contava com cerca de cinco a seis mil membros no final do século XIX. Embora a maior parte da população fosse muito pobre e trabalhasse em pequenas atividades comerciais, algumas figuras destacadas podem ser lembradas, como o médico Lazarus Mordos, a família Olivetti (sim, os da máquina de escrever) e os avós do famoso cantor e compositor greco-francês George Moustakis.

Quando os italianos se entregaram, os alemães ocuparam a ilha em setembro de 1943. Após um período de tenso silêncio, quase um ano depois, em 8 de junho de 1944, já devidamente cadastrados, todos os judeus da ilha receberam a ordem de não sair de casa.

Cerca de duzentas pessoas arriscaram-se a desobedecer e abandonaram suas casas, fugindo para o continente ou para a zona rural.

No dia seguinte, três dias após o desembarque aliado na Normandia, mais de mil e novecentas pessoas foram reunidas no antigo Forte Veneziano e enviadas para Auschwitz-Birkenau, de onde apenas 180 escaparam com vida no final da guerra.

Hoje cerca de oitenta pessoas ainda vivem na ilha, e trata-se de uma comunidade extremamente assimilada.

Joseph David Koulas, nascido em 17 de abril de 1922, é um dos últimos sobreviventes de Auschwitz-Birkenau, e vive hoje em João Pessoa, na Paraíba, e vez ou outra pode ser visto conversando na praia de Tambaú, particularmente agora que operou a catarata nos olhos.

Em 9 de junho de 1944, foi enviado junto com sua família para o campo de concentração, onde foi submetido a trabalhos forçados entre 29 de junho e 16 de outubro de 1944. Depois, entre 17 de outubro e 27 de janeiro de 1945. Quando libertado, foi transferido para a fábrica de borracha sintética BUNA, trabalhando em construções e encanamentos.

Hoje sozinho, recebe ajuda dos amigos Gizélia e Guilherme Rabay.

CRETA (KRÍTI)

Creta foi tomada pelos alemães em 1941 e, em função da dura resistência civil, suas três principais cidades: Haniá, Réthimno e Iráklio foram duramente bombardeadas.

Em junho de 1944, todos os judeus da ilha foram presos e enviados para um centro de triagem em Iráklio. Os 269 judeus de Haniá, por exemplo, permaneceram dias presos dentro da sinagoga Etzhyyim (Árvore da Vida).

Em março de 1998, orientada pelo Professor Nikos Stavoulakis, fundador e diretor emérito do Museu Judaico de Atenas, iniciou-se a reconstrução da sinagoga de Haniá. A sinagoga Etzhyyim data do século XV, quando foi fundada pelos gregos como Igreja de Santa Katherina, e doada aos judeus da ilha no século XVII. De lá, esses prisioneiros judeus, junto com seiscentos prisioneiros gregos, membros da resistência, e um número incerto de italianos foram enviados pelo navio Tanais ao porto de Pireu, onde deveriam ir provavelmente para Auschwitz-Birkenau.

O navio nunca chegou à Grécia continental e, durante anos, seu destino ficou envolto em mistério.

Documentos mais recentes, do Almirantado Britânico, oferecem dados que comprovam o afundamento do navio por um submarino britânico.

Atingido por dois torpedos, em quinze minutos o Tanais afundou, sem sobreviventes.

RHODES (RHÓDOS)

Penetrar nas muralhas da cidade velha de Rhodes oferece uma forte impressão do domínio italiano sobre a ilha, desde o final da Primeira Guerra Mundial até o fim da Segunda.

O palácio do Grão-mestre ostenta ainda placas e referências ao Duce Benito Mussolini e ao rei Vittorio Emanuelle.

Em setembro de 1943, com a passagem do domínio da ilha para os alemães, a exemplo do que ocorreu em outros locais da Grécia, isso significou o fim da comunidade judaica.

De uma comunidade que vivia na ilha desde a Antigüidade – citada no Gênesis –, dos dois mil judeus, deportados em 1944 para Auschwitz-Birkenau, apenas 151 sobreviveram.

Hoje há apenas 35 judeus de Rhodes vivendo na ilha, e apenas uma das quatro sinagogas, a Kahal Shalom, entre as ruas Dosiadou e Simiou dentro da cidade murada, está de pé (Varon, 1999).

CASAR PARA FUGIR DA MORTE

O casamento, no Judaísmo, é uma antiga e sempre importante peça social.

Seu objetivo, além da procriação e continuação da linhagem, é a preservação da ordem social, do sistema de valores, e da propriedade.

Durante os séculos, o casamento serviu para proteger e preservar o Judaísmo da assimilação e do conseqüente desaparecimento.

Desde a chegada à cidade e até a ocupação alemã de Thessaloniki, os casamentos constituíam grandes cerimônias públicas e ocorriam muito precocemente na vida dos indivíduos, entre os 17-18 anos para os rapazes e os 13-14 anos para as meninas.

Gila Haidar, em conferência sobre o tema, proferida em dezembro de 2002, em Haifa, cita que um viajante cristão alemão que visitou a cidade no final do século XIX percebeu claramente a importância da questão para a comunidade judaica:

> Deve-se dizer que o casamento e a procriação são suas maiores preocupações. Eles não permitem que nenhum homem que pertença ao seu povo, seja ele rico ou pobre, permaneça sem se casar. Se sua mulher morre, eles o casam com outra rapidamente.

A filha mais velha iniciava a fila (e recebia o maior dote, às vezes, em detrimento da última), seguida pelas irmãs em ordem de idade, e só depois os irmãos estavam livres para se casar.

A escolha do noivo ou da noiva se fazia prioritariamente dentro do círculo familiar, como uma forma de manter a propriedade, formando grandes clãs, como foi o caso dos Modiani e dos Fernandez-Diaz, entre outros.

A celebração do casamento em Thessaloniki, bem como em outras comunidades sefardis do Oriente, durava duas semanas, permeada de cerimônias espetaculares.

Começava-se pela Alvorada, quando a data do casamento era solenemente anunciada. No dia seguinte, o Korban del Novio, seguido das cerimônias de Almusama, El dia de Ashugar (dia do dote), El dia del Baño (banho ritual da noiva).

O peixe era símbolo da fertilidade. Assim, no último dia antes do casamento, havia El dia del Peche, em que o alimento era servido a todos os convivas, desejando muitos filhos aos noivos.

No ponto alto das festividades, El dia de Boda (o dia do casamento), a noiva saía de sua casa seguida por todos os familiares, amigos e músicos em direção ao local do casamento.

Por oito dias após as bodas, não se permitia ao casal deixar o novo lar. Passavam esses dias ladeados de familiares e convidados, com a função de protegê-los dos demônios.

Durante o primeiro ano de casamento, o casal vivia na casa dos pais da noiva, segundo o costume da *meza franca*, e apenas após um ano poderiam ter seu próprio lar, sempre próximo aos pais.

Com a chegada da Segunda Guerra e das incertezas econômicas que ela trazia, o número de casamentos reduziu-se drasticamente, e a idade dos noivos subiu para entre os 26-29 anos para os homens e entre os 20-23 para as mulheres.

Os dotes, antes obrigatórios para judeus e gregos (sem dote, sem casamento), reduziram-se enormemente, mesmo entre as famílias tradicionalmente mais ricas.

As doações de dinheiro e comida oferecidas por todos os casais aos pobres e necessitados no dia do casamento tornaram-se mais esquálidas.

As famílias operárias que, no passado, durante os casamentos, ofereciam contribuições também à Federación Socialista, ao jornal *Avanti*, ou ao orfanato Abuhav, já não tinham mais muito o que oferecer.

Um número não conhecido de moças judias, ora enfrentando a oposição dos familiares ou mais raramente estimulada por eles, casaram-se com gregos ortodoxos, em cerimônias raramente verdadeiras, para obter um certificado de casamento cristão na esperança de maior segurança.

A maior onda de casamentos que se viu na comunidade passou a ocorrer em 15 de março de 1943, quando partiu da cidade o primeiro transporte alemão para os campos.

O rabino Koretz passou a estimular todos os jovens solteiros a se casarem imediatamente, levando a uma verdadeira epidemia, com centenas de casamentos diários.

Fica a questão de a declaração de Koretz estar ou não baseada em alguma crença pessoal, ou promessa alemã, de que os casados teriam privilégios quando chegassem ao "Estado Judeu", em Cracóvia na Polônia, ou outro lugar desconhecido.

Infelizmente, o resultado desastroso dessa atitude foi levar para os campos de extermínio um grande número de jovens grávidas.

Gila Hadar descreve o surgimento dramático de casamentos desesperados entre viúvos e viúvas, nos trens de transporte para o extermínio, e que, em boa parte das situações, não durava mais do que alguns dias, devido à morte dos nubentes.

GREGOS DE SUÁSTICA

Logo após a rendição, o primeiro governo colaboracionista foi comandado pelo General Tsolakoglou, prêmio "merecido" pela sua rápida rendição aos alemães.

O gabinete de Tsolakoglou era constituído por outros seis generais inexperientes, e germanófilos. Os ministros civis igualmente não exibiam maiores atributos, como o professor de medicina Konstantinos Logothetopoulos, cujo maior mérito era ser casado com a sobrinha do marechal-de-campo alemão List, e de Platon Hadzimikalis, um obscuro empresário com conexões em Berlim (Mazower, 1995).

Com a substituição de Tsolakoglou, o país foi governado por um breve período por Konstantinos Logothetopoulos e, finalmente, em abril de 1943, por Ioannes Ralles.

Quando Ralles assumiu, imediatamente tratou de formar uma força armada, com a intenção declarada de preservar a ordem interna, combater os comunistas e prevenir o retorno do rei, obviamente em colaboração com as forças alemãs de ocupação.

Batalhões de Evzones (Infantaria Ligeira) foram formados com voluntários simpatizantes dos nazistas (Christodoulou, [s.d.])

Embora a Grécia tenha sido provavelmente o único país dominado que não cedeu sequer um soldado para lutar pela causa do Eixo fora de suas fronteiras, esses batalhões de segurança chegaram a ter cerca de 34 a 36 mil homens espalhados pelo país.

Três principais grupos de ultradireita converteram-se rapidamente em colaboracionistas, a Elliniki Ethnikistiki Enosis (EEE – União Nacional Grega), o Elliniko Ethnikososialistiko Komma (EEK – Partido Nacional Socialista Grego, de Giorgios Merkouri) e a Sidera Irini (Vitória de Ferro), coordenada pelo médico Sterodimos, que trataram de recrutar seus membros entre ex-oficiais e soldados de ultradireita, e tão furiosamente anti-semitas quanto anticomunistas.

Isso não significava que todos esses homens fossem simpatizantes dos nazistas, tanto que as forças alemãs sempre desconfiaram da fidelidade desses batalhões de segurança, e se recusavam a muni-los com armamento mais pesado.

Esses batalhões eram, de fato, formados por anti-comunistas e conservadores temerosos do poder que o EAM-ELAS começava a assumir. Inclusive um de seus comandantes, o General Dertilés, foi preso pelo comando alemão, aparentemente por ser "próbritânico" demais.

Além do combate às forças da guerrilha, esses batalhões de segurança passaram a exercer, após a rendição italiana, papel ativo nas atividades contra os judeus, sob as ordens do comando alemão.

Após a guerra, vergonhosamente, muitos foram incorporados às forças gregas e britânicas, na Guerra Civil contra os comunistas.

Ao invés de acusações de traição e punição, alguns inclusive receberam cargos de confiança no novo governo apoiado por Churchill, como foi o caso do ex-comandante dos batalhões de segurança coronel Spiliotopoulos (Munoz, 2000).

Curiosamente, os gregos que mais colaboraram com os propósitos do Terceiro Reich foram os gregos do estrangeiro. Cerca de três mil gregos pônticos (do norte do Ponto Euxino, isto é, do mar Negro) alistaram-se na ss Pan-européia, ao lado de quinhentos espanhóis, cem britânicos e setecentos e cinqüenta suecos. Porém nada parecido com os cinqüenta mil holandeses, quarenta mil húngaros, vinte e cinco mil letões e dez mil franceses (Markessinis, 2003).

A QUESTÃO DOS JUDEUS ESPANHÓIS

Um problema que surgiu logo no início da guerra foi o do que fazer com os judeus estrangeiros nos países ocupados pelos alemães. Porém, apenas nos primeiros meses de 1943, a decisão foi tomada, após extensivas discussões entre o Ministério do Exterior da Alemanha e o *staff* de Eichmann. Os judeus – fossem de países conquistados ou de aliados, como a Bulgária e a Romênia – seriam incluídos na Solução Final. Aqueles que fossem cidadãos de outros países neutros deveriam ser repatriados.

No ano de 1943, havia 511 judeus de nacionalidade espanhola em Thessaloniki, mas mudar-se para a Espanha não era tarefa fácil.

Após a vitória do *generalísimo* Franco, pelas ruas de Madri, ou de Burgos, ou de Sevilha – e até mesmo na sempre mais à esquerda Barcelona –, enfim por toda a Espanha, o clima era marcadamente anti-semita. Virulentos desfiles e marchas, acompanhados de ritos fascistas e intenso apoio à Alemanha e à Itália, eram difundidos pelas rádios e jornais.

Mein Kampf, de Adolf Hitler, e *El Judio Internacional*, de Henry Ford, foram reimpressos e faziam grande sucesso editorial (Bel Bravo, 1997).

O futuro almirante Luis Carrero Blanco, que assumiria a presidência do Governo em 1972 (um governo que, diga-se de passagem, residia desde os anos 1960 nas mãos da Opus Dei) e morreria em um atentado do ETA em 20.12.1973, expõe, em *España y el Mar* (1941), uma "belíssima" demonstração do anti-semitismo vigente:

> Três anos de uma luta epopéica, uma nova cruzada contra a barbárie comunista [...] Espanha, paladina da fé de Cristo, está de pé outra vez contra o verdadeiro inimigo: o judaísmo [...] Esta verdadeira pugna secular, onde o judaísmo soube recorrer a todos os meios. A Reforma, primeiro; depois às idéias da Enciclopédia, o liberalismo, o esquerdismo ateu, a maçonaria, o marxismo, o comunismo, tudo contra o inexpugnável reduto do cristianismo católico (Corbiére, 2002).

A falange espanhola, através de seus ministros pró-Mussolini e pró-Hitler, em particular Ramón Serrano Suñer (El Cuñadísimo), estimulava como podia o anti-semitismo oficial e permitia a propagação de boatos, segundo os quais buscava-se uma lei para expulsar da Espanha (mais uma vez!) todos os judeus que tivessem chegado ao país depois de 1931.

Apesar desse clima pró-nazista, os alemães não entendiam a relutância (mais uma) do governo de Franco em não assumir uma atitude anti-semita mais radical. Acreditavam que uma suposta e nebulosa origem judaica de Franco pudesse estar evitando essa tomada definitiva de posição e esse novo não alinhamento completo com Hitler.

Provavelmente, a atitude titubeante de Franco refletia muito mais um equilíbrio de forças entre, de um lado, os anti-semitas hostis e parcela da Igreja dominada pela Opus Dei e, de outro, os favoráveis a uma solução mais humanitária.

Fazendo parte desse último grupo, deve-se destacar o cônsul espanhol em Atenas, Sebastian Romero Radigales, que protegeu e auxiliou a fuga de cerca de 150 judeus espanhóis de Thessaloniki para a zona italiana de ocupação (Benbassa & Rodrigue, 1995).

Depois da Guerra, em 11 de fevereiro de 1949 – em parte fruto de um novo realinhamento pragmático do governo franquista, mantendo a autonomia interna e aliando-se ao capitalismo americano –, o governo passou a reconhecer, aos sefardis que optassem pela nacionalidade espanhola na Grécia e no Egito, a condição de súditos espanhóis no exterior (Bel Bravo, 1997).

Um pouco tarde...

Francisco Franco e membros da Igreja espanhola em saudação fascista.

15. A Carta do Arcebispo Damaskinos

Caro Dines,

Você já conhece minha proverbial desconfiança em relação a qualquer tipo de clero, mas não posso deixar de lhe enviar a carta que o Arcebispo Damaskinos, chefe da Igreja Ortodoxa, encaminhou ao "presidente" do governo fantoche de ocupação Konstantinos Logothetopoulos e a Altenburg, o Administrador do Terceiro Reich para a Grécia, em 23 de março de 1943, na cidade de Atenas:

Senhor Primeiro-Ministro,

A nação grega soube, com justificável espanto e preocupação, que as autoridades alemãs de ocupação iniciaram a implementação em Thessaloniki de uma medida de deportação gradual da população grega israelita para fora dos limites da nação, e que o primeiro grupo de pessoas já está a caminho da Polônia. O incômodo do povo grego é muito grande porque:

1) De acordo com o espírito do termo de cessar fogo, todos os cidadãos gregos esperavam receber o mesmo tratamento nas mãos das autoridades de Ocupação, independente da raça ou religião.

2) Os israelitas gregos não apenas foram incalculáveis contribuições ao progresso econômico da nação mas também, como grupo, sempre demonstraram lealdade e inteira compreensão de seus deveres como helenos. Assim, eles dividiram o sacrifício comum em nome do Estado grego e colocaram-se na linha de frente de batalhas onde a nação grega lutou em defesa de seus direitos históricos.

3) A fidelidade da comunidade hebraica da Grécia antecede em muito qualquer acusação de envolvimento em atividades e ações susceptíveis de ameaçar a segurança das autoridades militares de ocupação.

4) Diante da consciência nacional, os filhos da mãe comum, a Nação Grega, estão todos unidos e iguais, sem distinção de religião ou crença.

5) A Nossa Santa Fé não reconhece distinção, superioridade ou inferioridade baseada na raça ou religião, o que sustenta a afirmação de que "Não há nem judeu nem grego" (Gálatas 3, 28). Assim condenamos qualquer tendência a criar uma discriminação racial ou religiosa.

6) Nossa comunhão de um destino comum, dos dias de glória aos períodos de infortúnio nacional, reforçam a nossa coragem e tornam o Helenismo indissolúvel, unindo todos os cidadãos gregos sem distinção do grupo étnico ao qual pertencem.

É claro, não desconhecemos a profunda oposição entre a Alemanha e a comunidade israelita, mas não é nossa intenção tornarmo-nos o juiz dessa questão internacional.

O único assunto que nos interessa e que é de vital importância para todos nós hoje é o destino de sessenta mil dos nossos amigos e concidadãos de fé hebraica, com sua nobreza de sentimentos, disposição fraternal, idéias progressistas e, acima de tudo, irrepreensível patriotismo, como demonstram as inúmeras vítimas em combate de nossos irmãos israelitas gregos defendendo a nossa pátria.

Juntos em nossa longa convivência, aprendemos que devemos dividir a nossa vida, seja em escravidão ou em liberdade.

Senhor Primeiro-Ministro,

Estamos certos de que vosso governo compartilha conosco das mesmas preocupações no que concerne a esse assunto. Acreditamos também que já foram feitas as necessárias representações junto às autoridades de Ocupação para que cessem essas medidas procupantes e descabidas relacionadas à deportação dos israelitas gregos.

Temos certeza que o senhor já se fez representar aos que estão no poder, deixando claro que esse duro tratamento à população israelita grega está em contraste com o que é recebido por cidadãos de outras nacionalidades residentes na Grécia, tratamento esse injustificável e inaceitável do ponto de vista moral. E, se razões de segurança ainda assim exigirem que um controle seja implantado, devem ser consideradas outras alternativas, como talvez até o isolamento da população masculina ativa (excetuando crianças e idosos) em algum lugar específico dentro das fronteiras da nação grega, sob a supervisão das forças de Ocupação, que devem ser responsáveis, a partir daí, pela proteção e segurança dos israelitas gregos, evitando assim essa deportação terrível que ora os ameaça. É desnecessário dizer que, se uma medida como essa for adotada, o restante do povo grego está disposto, se solicitado, sem qualquer hesitação, a oferecer inteira assistência a esses nossos irmãos.

Esperamos que as Autoridades de Ocupação, antes que seja muito tarde, percebam a futilidade de perseguir os israelitas gregos, que estão entre os mais pacíficos e produtivos membros da nossa população.

Se no entanto eles, de maneira obstinada, mantiverem sua política de deportação, acreditamos que seu governo, como agente do que sobrou de autoridade nesse país, deve assumir uma clara postura contrária a essas ações, deixando aos estrangeiros a inteira responsabilidade por essa terrível injustiça. Porque acreditamos que a ninguém será permitido esquecer os atos cometidos nesse período de dificuldade, e que um dia todos serão julgados pela nação, que desejará saber que papel cada um de nós ocupou na história. No dia do julgamento, nossas responsabilidades morais serão pesadas pela consciência da pátria, e muito mais os atos de quem está no poder, se falharem em expressar com coragem e honra todo o nosso descontentamento e unânime objeção da nação diante desses atos de ofensa mortal à unidade de um povo, como a deportação dos israelitas gregos.

Sinceramente

Damaskinos

Arcebispo de Atenas e de toda a Grécia.

Arcebispo Damaskinos ao lado de Churchill ao final da 2ª Guerra Mundial.

Subscrevem ainda:

Presidente da Academia de Atenas, S. Dontas; Reitor da Universidade de Atenas, E. Skassis; Reitor da Escola Politécnica Nacional, I.Theofanopoulos; Reitor da Escola de Economia e Ciências Políticas, A. Nezos; Presidente da Associação Médica da Ática, M. Karzis; e outras 24 assinaturas de intelectuais, cientistas, empresários e presidentes de associações comerciais.

Lastimo que tenha sido tão forte quanto inútil.

Iassou *e* Shalom
Abraços
T.A.C.

16. A Vida após a Segunda Guerra Mundial

A ocupação alemã terminou em outubro de 1944.
A situação do país era dramática.

Entre 1941 e 1944, foram mortos mais de 87% do judaísmo grego, o maior percentual de mortes após a população judaica perdida na Polônia (Messinas & Messinas, 2002*a*).

Há, hoje, aproximadamente cinco mil judeus em toda a Grécia: três mil em Atenas, mil e duzentos em Thessaloniki e um número entre oitenta e cem em comunidades menores espalhadas pelo país.

Tem havido um esforço por parte do governo grego e das comunidades grego-judias sobreviventes à tragédia em reconstruir e revalorizar seu legado histórico.

Em 1944, logo após o término do conflito, o governo de Georges Papandreu foi o primeiro governo europeu a devolver aos judeus o que havia sido confiscado durante a guerra.

As propriedades dos cidadãos judeus mortos foram colocadas em um fundo comum para auxílio dos sobreviventes, administrado pela comunidade judaica.

Em Ioannina, dos quase dois mil judeus de antes da Guerra, a cidade hoje tem algo como cem pessoas na colônia. No entanto, seu esforço político está aliado a ajudas oferecidas por antigos habitantes da cidade – que emigraram para os Estados Unidos e Israel – que mantém a sinagoga Romaniote.

Apesar da lastimável destruição de inúmeras sinagogas ao longo da história da Grécia, esforços do governo grego, e particularmente das comunidades judaicas grega e americana, tratam no momento de reformar as sinagogas de Haniá, em Creta, Véroia

População de Comunidades Judaicas Gregas: Antes e Após a Segunda Guerra Mundial.

Locais	Antes	Depois
Atenas	3000	4930
Xanti	550	6
Kavala	2100	42
Drama	1200	39
Florina	400	64
ILHAS DO EGEU		
Cós e Rodes	1900	200
Creta	350	77
ILHAS JÔNICAS		
Corfu (Kérkira)	2000	187
Zakynthos	275	275
Ioannina	1850	163
Patras	265	152
Thessaloniki	56000	1950

e outras cidades. A pequena cidade de Véroia é importante para gregos cristãos e gregos judeus: foi uma das cidades visitadas por São Paulo nos anos de 49 a 52 da era cristã (Messinas, 1998).

A cidade de Thessaloniki tem promovido, nos últimos anos, reformas nos monumentos históricos, e houve a inauguração de um museu pelo historiador grego Nikos Stavroulakis, além de outros eventos culturais, no sentido de resgatar a história da comunidade sefardi.

Numa delas, durante o transcurso do II Colóquio Internacional del Judeo-Español, que ocorreu em Thessaloniki nos dias 16 e 17 de abril 2000, os sobreviventes do Holocausto (*Shoah*) solicitaram que, em memória de seus mártires, fosse agregada às outras 19 placas de línguas diferentes colocadas no Memorial de Auschwitz-Birkenau (Polônia), uma placa suplementar em judeo-espanhol.

O texto a seguir foi aprovado nesse encontro:

KE ESTE LUGAR, ANDE LOS NAZIS
EKSTERMINARON UN MILYON
I MEDYO DE OMBRES,
DE MUJERES I DE KRIATURAS,
LA MAS PARTE DJUDYOS
DE VARYOS PAYIZES DE LA EVROPA,
SEA PARA SYEMPRE,
PARA LA UMANIDAD,
UN GRITO DE DEZESPERO
I UNAS SINYALES

AUSCHWITZ - BIRKENAU
1940 – 1945

SHIMON PERES

Em 1998, após um trabalho coordenado pela historiadora Photini Constantopoulou, diretora do serviço de Arquivos Históricos da Grécia, foi possível coletar mais de mil e quinhentos documentos oficiais e diplomáticos sobre a vida da comunidade judaica na Grécia, do início do século XX até os anos 1950.

Uma seleção dos 150 documentos considerados mais relevantes foi publicada em livro pelo Ministério das Relações Exteriores e pela Universidade de Atenas, em grego e inglês (Constantopoulo &Verenis, 1998).

Em meio a esses documentos se encontra uma referência à Yitzhak Peraky, que, assim como outros, mudou seu sobrenome após 1945, como o fez Golda Myerson para Golda Meir etc.

Yitzhak Peraky, aliás Yitzhak Peres, era pai de Shimon Peres, o ex-primeiro-ministro de Israel ganhador do Prêmio Nobel da Paz, junto com Yitzhak Rabin e Yasser Arafat, em 1994.

Yitzhak nasceu em Vishneva, Bielorussia, e, posteriormente, incorporada à Polônia, após a Primeira Guerra Mundial. Voluntário do exército Britânico, foi enviado para uma missão na Grécia, mas, tão logo desceu de pára-quedas na região da montanhas da Ática, teve a má sorte de ser capturado pelos alemães.

Conseguindo fugir poucos dias depois, passou meses escondido nas montanhas, até encontrar dois monges que o levaram ao monastério onde ficou escondido por cerca de um ano, apesar do risco com as freqüentes batidas dos alemães.

Photini Constantopoulou visitou Shimon Peres em fevereiro de 1998 e lembrou alguns detalhes do relato de seu pai.

Refere ter o pai contado aos netos que, no mosteiro onde se escondeu, o céu era tão claro, que era possível ver ao longe a

Acrópole. Pela descrição, provavelmente, embora Shimon Peres não lembre do nome, parece tratar-se do mosteiro Hassia, perto do Monte Parnasso.

Após cerca de um ano, através de contatos com a resistência, os monges conseguiram levá-lo até Olímpia, de onde cruzou o Egeu num caiaque junto com outros cinco homens, primeiro até Samos, depois para Turquia e de lá para a Palestina (Constantopoulou & Veremis, 1998).

O RISCO DO ANTI-SEMITISMO NA EUROPA

Uma recente pesquisa da União Européia apontou para o preocupante fato de que 59% dos europeus consideram que Israel é a maior ameaça à paz mundial nos dias de hoje. Não se deve ler esses dados apenas como um reflexo do anti-semitismo – pouco organizado, porém crescente – em alguns países da Europa, mas, muito mais, uma profunda desaprovação da política considerada belicista do governo Ariel Sharon.

O apoio do governo de George W. Bush a Sharon acrescenta um fator a mais, dado o anti-americanismo de boa parte da população grega (assim como dos franceses, alemães, holandeses e outros europeus).

Fatores não menos importantes de antipatia aos *yankees* incluem o apoio americano à sangrenta ditadura dos coronéis gregos, o apoio à política intimidatória turca nas últimas décadas e, em particular, a invasão da ilha de Chipre pela Turquia, apoiada e estimulada por Henry Kissinger (Kontopoulos, 2001).

Em novembro de 2003, um dos maiores ícones gregos, o compositor e ministro de estado Mikis Theodorakis, compositor clássico e popular – mais conhecido fora da Grécia como o compositor de temas como *Zorba, O Grego* e *Sérpico* –, envolve-se numa polêmica que tomou um vulto exagerado.

Enquanto apresentava seu novo livro *Pou na vro tin psychi mou (Onde Acharei a Minha Alma?)*, Theodorakis falou *off the record* da situação do Oriente Médio e fez críticas ao governo Sharon e ao tratamento dado aos palestinos. O comentário, de menor importância, nem foi reproduzido pelos jornais no dia seguinte, com uma única exceção: o jornal de extrema direita *Apoyevmatini*, que carrega nas tintas, mas acrescenta que Theodorakis, um homem de esquerda, nunca foi anti-semita, apesar das declarações.

Nessa era da globalização, isso foi o suficiente para que as declarações – ou o que se entendeu delas – ganhassem repercussão internacional.

Em Israel, a história apareceu no site Y-net, em 11 de novembro de 2003, e a seguir na imprensa israelense. No dia seguinte, o governo grego passou a receber protestos oficiais, vindos de Israel e também do Conselho Central Israelense da Grécia, que afirmou: "Com esses comentários o senhor Theodorakis levou o século XXI de volta aos anos obscuros da Idade Média e aos *slogans* nazistas" (Konstandaras, 2003).

Em 12 de novembro de 2003, Guy Wagner, diretor da International Theodorakis Foundation, divulga uma declaração pessoal de Theodorakis, em que o artista relembra sua opção pela liberdade e coexistência entre os povos, bem como o concerto que dirigiu em homenagem às vítimas de Mauthausen, além da intermediação que fez, em 1972, ao ser portador de uma mensagem de paz de Igal Alon, que foi ministro da Defesa em diversos governos, para Arafat, durante os incidentes de 1972.

Mas, em sua declaração, reafirma: "Eu me oponho totalmente

à política de Sharon e sempre tenho enfatizado isso, bem como condeno o papel de alguns proeminentes políticos judeus americanos, intelectuais e teóricos, em modelar a atual política agressiva do governo Bush".

O "imbróglio" não acabou por aí.

Em entrevista reproduzida pela Associação Scholem Aleichem, em dezembro de 2004, o compositor conta a Ari Shavit, do *Haàretz*, que sempre foi amigo de Israel e não aceita o "até tu, Brutus" (até o nosso amigo Theodorakis voltou-se contra nós?) da imprensa israelense.

Queixa-se, porém, que: "Quando escrevi o hino nacional palestino, a sinfônica de Boston, que é controlada por judeus, não autorizou o concerto. Desde então não posso trabalhar em nenhuma grande orquestra.

As orquestras controladas por judeus boicotam meu trabalho".

ISRAELENSES NOS JOGOS OLÍMPICOS DE ATENAS

A realização dos jogos olímpicos em Atenas ofereceu uma enorme modernização à cidade, melhorando os sistemas de transporte, reurbanizando diferentes áreas periféricas e melhorando o cuidado com os museus e sítios históricos.

Os gastos, porém, também foram grandes: estima-se que mais de 3,7 bilhões de dólares – 1,5 bilhões apenas em segurança. E foi nos esquemas de segurança onde ocorreu uma estreita colaboração entre a polícia israelense e a grega, no cuidado dos locais olímpicos bem como do espaço aéreo e das águas litorâneas.

Os diferentes artigos que consulto falam pormenorizadamente sobre sistemas de controles de mísseis, câmeras infravermelhas de alta resolução, embarcações da guarda-costeira – construídas em Haifa – e tantos outros aparatos bélicos. A tanto chegou a neurose (justificada) e o pavor do terrorismo.

Um pouco por ingenuidade, um pouco por esperança, eu não queria terminar o livro assim.

Salva-me uma pequena nota final.

Uma companhia israelense que criou o conceito de irrigação por gotejamento (o que mantém verdes campos israelenses antes inóspitos) foi contratada para trabalhar na manutenção dos canteiros, árvores, arbustos e jardins atenienses durante a Olimpíada.

Nesse rito de paz universal, o azul e branco de ambas as bandeiras fizeram o verde da cidade para o mundo.

Prefiro, utopicamente, que termine assim.

Indicações para Leitura

ABRAVANEL, I. "Twilight of Spanish Glory". *In*: SCHARTZ, L.W. (ed.). *Memoirs of My People through a Thousand Years*. New York, Rinehart, 1943.

ANTUNES, J. F. *Judeus em Portugal: O Testemunho de 500 Homens e Mulheres*. Lisboa, Edeline, 2002.

ARMSTRONG, K. *Maomé*. São Paulo, Companhia das Letras, 1991.

AVITSUR, S. "Contribution to the History of the Woollen Textile Industry in Salonika". *Sefunot*, 12 (1971-1978).

BAER, Y. *A History of the Jews in Christian Spain*. Philadelphia, The Jewish Society of America, 1978.

BEL BRAVO, M. A. *Sefarad. Los Judíos de España*. Madrid, Silex, 1997.

BENBASSA, E & RODRIGUE, A. *Sephardi Jewry. A History of the Judeo-Spanish Community, 14th-20th Centuries*. Berkeley, University of California Press, 1995.

BENJAMIN OF TUDELA. *The Itinerary of Benjamin of Tudela: Travels in the Middle Ages*. Trans. Marcus Nathan Adler (1907). Boston, Joseph Simon, 1983.

BIALE, D. *Cultures of the Jews*. New York, The Sheep Meadow, 2002.

BICKERMAN, E. J. *The Jews in the Greek Age*. Cambridge, Haravard University Press, 1988.

BOATSWAIN, T. & NICOLSON, C. *A Traveller's History of Greece*. Gloucestershire, Windrush, 1989.

BORNSTEIN-MAKOVETSKY, L. "Structure, Organisation and Spiritual Life of the Sephardi Communities in the Ottoman Empire from the Sixteenth to Eighteenth Centuries". *In*: BARNETT, A. & SCHWAB, S. (eds.).*The Sephardi Heritage*. Grendon, The Western Sephardim Gibraltar Books, 1989.

BOURKE, J. *La Segunda Guerra Mundial: Una História de las Víctimas*. Barcelona, Paidós, 2002.

BOWMAN, S. *Freedom or Death: The Jews in the Greek Resistance*. hcc.haifa.ac.il/departments/history-school/ conferences/holocaust_greece.

_____. "Salonikan Memories". *In*: BOWMAN, S. & BENMAYOR, I. (eds). *The Holocaust in Salonika, Eyewitness Accounts*. Cincinnati, Sephardic House, 2002.

BRAUDE. B."The Rise and Fall of Salonica Woolens,1500-1650: Technology Transfer and Western Competition". *In*: GINIO, A.M. *Jews, Christians, Muslims in the Mediterranean World after 1492*. Chippenham, Frank Cass, 2002.

BREWER, D. *The Greek War of Independence*. Woodstock, Overlook Press, 2001.

BRIDGE, A. *Suleiman the Magnificient*. London, Grafton, 1983.

"CAPTAIN Corelli's Mandolin. The New Chapter". *Sunday Times*, 29.5.1998.

CHARY, F.B. *The Bulgarian Jews and The Final Solution 1940-1944*. Pittsburgh, University of Pittsburgh Press, 1972.

CHATER, M. "Uma Jornada de Sofrimento". *In*: BELT, D. (org.). *O Mundo do Islã*. Brasil, National Geographic, 2003.

CHRISTIDES, C. *Chronia katochis [Anos de Ocupação]*. Athens, Volis, 1971 (em grego).

CHRISTODOULOU, N. D. *Pro-Axis Security Batallions in Southern Greece, 1943-1944*. New York, Axis Europa Magazine, [s.d.].

CLOGG, R. *A Concise History of Greece*. Cambridge, Cambridge University Press, 1992.

COHEN, J. "Jewish Music – Sephardic". *In*: BROUGHTON, S.; ELLINGHAM, M. & TRILLO, R. (eds.) *World Music*. London, The Rough Guide, 1999.

COLLIER, R. *Duce! Ascenção e Queda de Benito Mussolini*. São Paulo, Círculo do Livro, [s.d.].

COLLOR, L. *Europa, 1939*. Porto Alegre, Fundação Paulo do Couto e Silva & Fundação Casa de Rui Barbosa, 1989.

COMBLIN, J. *Atos dos Apóstolos*. I. Petrópolis, Vozes, 1987. 214 p.

_____. *Atos dos Apóstolos*. II. Petrópolis, Vozes, 1989. 196 p.

CONSTANTOPOULOU, P. & VEREMIS, T. *Documents on the History of the Greek Jews*. Athens, Kastaniots, 1998.

CORBIÉRE, E. J. *Opus Dei. El Totalitarismo Católico*. Buenos Aires, Sudamérica, 2002.

CORDÁS, T. A. *Depressão: Da Bile Negra aos Neurotransmissores*. São Paulo, Lemos, 2002.

CORNWELL, J. *O Papa de Hitler. A História Secreta de Pio XII*. Rio de Janeiro, Imago, 2000.

COSTA, S. C. *As Quatro Coroas de D.Pedro I*. Rio de Janeiro, Paz e Terra, 1996.

DALVEN, R. *Joseph Eliya, Poems*. New York, Anatolia, 1944.

_____. *The Jews of Ioannina*. Athens, Cadmus Press, 1990.

DAVISON, R. H. *Turkey: A Short History*. New York, Eothen, 1998.

DESYPRIS, Y. *777 Islas Griegas*. Atenas, Toubis, 1994.

DINES, A. *O Baú de Abravanel*. São Paulo, Companhia das Letras, 1990.

DOBKIN, M. H. *Smyrna 1922.The Destruction of a City*. New York, Newmark Press,1998.

DUMONT, Jean. *La incomparable Isabel la Católica*. Madrid, Encuentro, 1993.
DUMONT, P. "Naissance d'un socialisme ottoman". *In*: VEINSTEIN, G. (ed.). *Salonique, 1850-1918. La ville de Juifs et le reveil des Balkans*. Paris, Autrement, 1992.
EVENTOV, Y. *History of Jews of Yugoslavia*. Tel Aviv, Union of Yugoslavia Immigrants in Israel, 1971.
FLORENTIN, M. "Los Cossacos. Entre la História y la Leyenda". *História y Vida*, mayo, 2003.
FRANCO, M. "Os Judeus em Portugal, 1926-1974". *In*: MONICA, F. & BARRETO, A. (eds). *Dicionário de História de Portugal*. III. Porto, Edeline Multimedia, 1999 (Suplemento).
_____. "Uma influência portuguesa no Levante?". *Revista de Política Internacional*, outono/inverno, 2002 (Lisboa).
FRASER, A. *História do Povo Cigano*. Lisboa, Teorema,1997.
FREELY, J. *O Messias Perdido*. Imago, Rio de Janeiro, 2001.
GEORGEON, F. "Selanik musulmane et deunmè". *In*: VEINSTEIN, G. (ed.). *Salonique, 1850-1918. La ville de Juifs et le reveil des Balkans*. Paris, Autrement, 1992.
GERBER, J. S. *The Jews of Spain. A History of the Sephardic Experience*. New York, The Free Press, 1992.
GIBBONS, F. "Taking Sting out of Captain Corelli".*The Guardian*, Friday, 20.4.2001.
GILBERT, M.*The Churchill Papers*. II: *Never Surrender: May 1940-December 1940*. London, Heinemann, 1994.
GILLE, B. *Historie de la Maison Rothschild*. Paris, editora?, 1965.
GLASMAN, J. B. "Flávio Josefo: Traidor ou Traído?" *Morashá*, 9 (34), set. 2001.
GONZÁLEZ-ARNO, M. "El Gueto No Se Rendió". *La Aventura de la História*, 55, mayo 2003.

"GREECE's Small Jewish Community Inters ww II Army Hero". *Athens News*, 25.10.2002, p. 7.

HADAR, G. *Marriage as a Survival Strategy prior to Deportations to Extermination Camps. Salonika 1943*. Universidade de Haifa, Departamento de Estudos Gregos, 12.12.2002 (Conferência).

HADAS-LEBEL, M. *Flávio Josefo. O Judeu de Roma*. Rio de Janeiro, Imago, 1992.

HIGHAM, R. "The Metaxas Years in Perspective". In: HIGHAM, R. & VEREMIS, T. (eds.). *Aspects of Greece: 1936-1940. The Metaxas Dictatorship*. Athens, The Hellenic Foundation for Defense and Foreign Policy, 1993.

HOLT, P. M.; LAMBTON, A.K.S. & LEWIS, B. *Cambridge History of Islam*. 1. Cambridge, Cambridge University Press, 1970.

HOWA, R. "The Real Captain Corelli". *Odyssey*, March, 1998.

HOLST-WARHACT, G. "Songs of Suffering". *Odyssey*, March, 1995.

HOURANI, A. *Uma História dos Povos Árabes*. São Paulo, Companhia das Letras, 1991.

INALCIK, H. *The Ottoman Empire. The Classical Age: 1300-1600*. New York, Weidenfeld & Nicolson, 1973.

JAMES, E. I. "The Asia Minor Holocaust of 1922". *New York Times*, 2.12.1922.

JENKINS, R. *Churchill*. Rio de Janeiro, Nova Fronteira, 2002.

JOHNSON, P. *História dos Judeus*. Rio de Janeiro, Imago, 1995.

_____. "The Prophetic Voice". *Jerusalem Post*, Jerusalem, 3.1.2003.

KONSTANDARAS, N. "Greeks and Jews". *Kathimerini*, 15 de novembro de 2003

KONTOPOULOS, K. "Are Greeks Anti-Semitic and Anti-Western?" *Greece in Print*, 163:13,30-33, 2001.

KAMBOUROGLOU, Kostantinos. "Trading History". *Odyssey*, September, 1998.

LIFTON, R. J. *The Nazi Doctors*. Washington, Basic Books, 1986.

MARGARITIS, G. *The Greek Orthodox Church and the Holocaust*. Universidade de Haifa, Departamento de Estudos Gregos, 12.12.2002. (conference).

MARKESSINIS, A. "Grecia en el Tercer Reich". *www.nostros.gr/~andmark/grécia/ocupacion*.

MATARASSO, I. A. "And Yet Not All of Them Died". *In*: BOWMAN, S. & BENMAYOR, I. (eds.). *The Holocaust in Salonika, Eyewitness Accounts*. Cincinnati, Sephardic House, 2002.

MATSAS, M. *The Illusion of Safety: The Story of Greek Jews during the Second World War*. New York, Pella, 1997.

MAVROGORDATOS, G. *The Stillborn Republic: Social Conditions and Party Strategies in Greece, 1922-1936*. Berkeley, University of California Press, 1983.

MAZOWER, M. *Inside Hitler's Greece*. Yale, Yale Nota Bene, 1995.

MESSINAS, E. V. "Preserving Jewish Heritage in Greece". *www.he.net/~archeol/online/features/greece/*, September, 1998.

MESSINAS, E. & MESSINAS, Y. N. "A Presença Judaica na Grécia". *Morashá*, 10 (39):49-53, 2002*a*.

_____. "Sinagogas da Grécia". *Morashá*, 10 (39):54-59, 2002*b*.

THEODORAKIS, Mikis. *Music and Theater*. Athens, Efstathiadis, 1983.

MILNE, S. "Greek Mith. I & II".*The Guardian*, Saturday, 29.7.2000.

PELT, M. "The Establishment and Development of the Metaxás Dictatorship in the Context of Fascism and Nazism, 1936-1941". *In*: SÖRENSEN, Gert & MALLETT, Robert (eds.). *International Fascism,1919-1945*. London, Frank Cass, 2002.

MOLHO, M. & NEHAMA, J. *The Destruction of Greek Jewry*. Jerusalém, Yad Vashem, 1965.

MONTANELLI, I. & GERVASO, R. *Itália: Os Séculos de Ouro*. São Paulo, Ibrasa, 1967.

MOSELEY, R. *Mussolinis Shadow. The Double Life of Count Galeazzo Ciano*. Washington, Yale University Press, 2000.

MOTT, L. "Filhos de Abraão & de Sodoma: Cristãos Novos Homossexuais nos Tempos da Inquisição". *In*: GORESTEIN, L. & CARNEIRO, M.L.T. *Ensaios sobre a Intolerância: Inquisição, Marranismo e Anti-semitismo*. São Paulo, Humanitas, 2002.

MOUTSOPOULOS, N. K. *Thessaloniki, 1900-1917 (Tessalônica, 1900-1917)*. Thessaloniki, Molho, 1981 (em grego).

MUNOZ, A. J. *Herakles & Swastika: Greek Volunteers in the German Army, Police & SS. 1943-1945*. New York, Europa, 2000.

MUSEUM OF JEWISH HERITAGE. *To Life: 36 Stories of Memory and Hope*. Boston, Bulfinch, 2002.

NAR, A. "Jews of Thessaloniki March through Time". *The International Association of Jewish Lawier and Jurist Bulletin*, pp. 9-13, Spring, 1999.

NIZZA, E. *Autobiografia del fascismo*. Milão, La Pietra, 1974.

PARRY, V. J. *A History of the Ottoman Empire to 1730*. Cambridge, Cambridge University Press, 1976.

PLAUT, J. E. *Greek Jewry in the Twentieth Century, 1913-1983. Patterns of Jewish Survival in the Greek Provinces before and after the Holocaust*. Cranbury, Associated University Press, 1996.

REED, J. *Guerra dos Bálcãs*. São Paulo, Conrad, 2002.

RICHARDS, J. *Sexo, Desvio e Danação*. Rio de Janeiro, Zahar, 1995.

ROBERTS, J. M. *The Penguin History of the World*. London, Penguin Books, 1995.

ROSEMAN, M. *The Wansee Conference and the Final Solution: A Reconsideration*. New York, Metropolitan, 2002.

ROTH, C. *Doña Gracia of the House of Nasi*. Philadelphia, Jewish Publication Society of America, 1948.

SARANDIS, C. "The Ideology and Character of the Metaxas Regime". *In*: HIGHAM, R & VEREMIS, T. (eds.). *Aspects of Greece 1936-1940. The Metaxas Dictatorship*. Athens, The Hellenic Foundation for Defense and Foreign Policy, 1993.

SCHEVILL, F. *A History of the Balkans: From the Earliest Times to the Present Day*. New York, Dorset, 1991.

SCHOLEM, G. *Sabbatai Sevi.The Mystical Messiah*. Princeton, Princeton University Press, 1973.

SCHWARTZ, M. "Mordechai Frizis. Greece´s Finest Soldier in Greece´s Finest Hour". *www.sefarad.org/publication*.

SEUMAS, Milne "Greek Myth".*The Guardian*. Saturday, 29.7.2000.

SEREZISK, K. *Míkis Theodorakis, O Ecumênico*. Atenas, Kastamotis, 2001 (em grego).

SHAW, S.& SHAW, E.K. *The Jews of the Ottoman Empire and the Turkish Republic*. New York, New York University Press, 1991.

SHENKMAN, R. *Legends, Lies & Cherished Myths of World History*. London, Harper Collins, 1993.

SIMOPOULOS, T. "Joseph Eliya". *Epirotiki Estia*, dezembro de 1954.

SMITH, M. L. *Ionian Vision. Greece in Ásia Minor, 1919-1922*. London, Hurst, 2000.

SOLAR, D. "El Reparto del Botín – Próximo Oriente, 1916-2003". *Historia*, mayo, 2003.

STACKELBERG, R. *A Alemanha de Hitler: Origens, Interpretações, Legados*. Rio de Janeiro, Imago, 2002.

STEIN, G. S. *Marguerita. Journey of a Sephardic Woman*. Morgantown, Masthof, 1997.

"THE DATABASE of Jewish Communities.The Jewish Community of Izmir". *www.bh.org.il/Communities/Archive/Izmir.asp. 2003*.

EMERGÊNCIA *da Europa,1500-1600*. São Paulo, Abril, 1992 (Time-Life Books).

TOYNBEE, A. *The Western Question in Greece and Turkey*. London, Howard Elitig, 1970.

UNTERMAN, A. *Dicionário Judaico de Lendas e Tradições*. Rio de Janeiro, Zahar, 1992.

VARON, L. *The Juderia*. Westport, Praeger, 1999.
YACOEL, Y. "In the Anteroom to Hell". *In*: BOWMAN, S. & BENMAYOR, I. (eds). *The Holocaust in Salonika. Eyewitness Accounts*.Cincinatti, Sephardic House, 2002.
WALSH, M. J. *Lives of the Popes*. London, Barnes & Nobles, 1998.
WEBER, M. "Alois Brunner Talks about His Past". *The Journal of Historical Review*, 10 (1):123-138.
WISTRICH, R. S. *Hitler e o Holocausto*. Rio de Janeiro, Objetiva, 2002.
ZUCCOTTI, S. *The Italians and the Holocaust*. New York, Basic Books, 1987.

ENDEREÇOS UTILÍSSIMOS NA INTERNET

Para o "raro" leitor que não lê grego, os sites históricos sobre a Grécia e os judeus gregos são quase todos em inglês e servem de fontes para esse livro:

www.gogreece.com
www.guiagrecia.com.br
www.holydays-in-greece.com
www.greece.gr
www.us-israel.org/jsource/vjw/greece.html
www.sefarad.org – Veja nesse site a revista eletrônica *Kol haKehila*, dedicada à comunidade greco-judaica. Desse site foi extraído o artigo de Yvette Nahmia-Messinas, "Jewish Greece. Voyage throug Time", originalmente publicado em *Yad Vashem Quarterly Magazine*, 2, 1999.
www.btinternet.com/~judyin.london/rosaeskenazi/lacre/htm – É onde você encontra a *homepage* de Rosa Eskenazi.
Center.motclc.wiesenthal.com (Simon Wiesental Center-Museum of Tolerance Multimedia Learning).
www.diplomatiejudiciaire.com

www.jewishencyclopedia.com
www.sites.uol.com.br
www.cilicia.com – *The Armenian Genocide: Quotes*
www.lavoixsepharade.com – *L' épopée pseudo-messianique de Sabbatai Sevi: Éclairage historique et psychiatrique.*
www.olokaustos.org/geo/grecia – *L'Olocausto in Grecia*. Excelente *site* em italiano.

Título	Matzá com Moussaká
	Histórias de Judeus e Gregos
Autor	Táki Athanássios Cordás
Capa	Sérgio Kon
Projeto Gráfico	Ana Paula Fujita
Editoração Eletrônica	Negrito Design Editorial
Revisão	Cristina Marques
Formato	14 × 21 cm
Nº de páginas	240
Tipologia	Janson Text
Papel	Pólen soft 80 g/m² (miolo)
	Cartão supremo 250 g/m² (capa)
Impressão	Prol Editora Gráfica

Impressão e Acabamento